Tokugawa Tsunenari

徳川恒孝

# 江戸の遺伝子

いまこそ見直されるべき日本人の知恵

PHP

# 江戸の遺伝子◆目次

## 第三章　家康公の時代



## 第四章　最初の百年でつくられた江戸時代のかたち

## 第七章 世界の中の日本と江戸の遺伝子



装丁 川上成夫
制作協力 メディアプレス

## 序にかえて

私は一九七一年から七五年までのあいだ、日本郵船の紐育《ニューヨーク》支店に勤務をしていました。ちょうど紐育航路がコンテナ船に変わる時期で、また米国東岸で港湾労働組合が大ストライキを起こしたりしていましたから、それは忙しい毎日で、米国東岸の各地を飛んで回っていました。まあ三十代に入ったところですから、いまから考えてもよく働いていたころです。

ある日、上司から「他に誰も出席できないのでジャパン・ソサエティの会合に出席せよ」との命令を受けて出席しました。普段この手の集まりには支店長か副支店長が出るもので、他の出席者も相当の御年配の方ばかりですから、あまり知人のいないレセプションはそれほど楽しいものではありません。

その席でかなりの御年配の米国人紳士と会いました。彼は私の胸につけた「トクガワ」という名札を見て大変に驚かれ、どのトクガワか、両親はなんという名前か、など私は質問攻めにあいました。私が徳川宗家十八代であること、会津松平の分家から母親の実家である徳川の家に養子に入って、十七代の当主だった祖父の家正の跡を継いだこと、東照宮の例大祭には衣冠をつけてお参りすることなどをお答えしますと、その御老人は大変に興奮されて私の手をしっかりと握って離さず、次のようなことを言われました。

「私は世界の歴史の中で、徳川家康公はもっとも素晴らしい指導者だったと確信し、尊敬している。そして現在の日本人が彼を正しく評価せず、狸親父《たぬきおやじ》などと呼んで、日本が西欧に遅れたのは彼のせいである、とまるで罪人のように評価していることに激しい憤りを感じている。世界の何処《どこ》の国でも、家康公のような指導者が出て、三世紀に近い平和を維持してその国の基本の文化を創ったならば、『国父』と呼んで町々に銅像を立てる。日本がそうしないのは、まったく不可解である。若い貴方はその家康公の子孫として、徳川家を継いでいることにぜひ高い誇りをもって欲しい。そしてこの偉大な人物に対する誤った評価を正すように努力して欲しい」

すっきりと簡単に書きますとこういうことなのですが、実はかなり長々としたお話で、そのあいだ握った手はお離しにならず、私はいささか閉口したものでした。あとで考えますとコロンビアかハーバードの日本学の偉い先生だったのだろうと思いますが、その時はお名前もうかがわずにお別れし、また再びお目にかかることもありませんでした。

しかしこのことは何時《いつ》までも心に残りました。

当時の私は仕事が面白く、「世が世であれば、とてもお話など出来ない……」というような決まり文句の「肴《さかな》」になることもないアメリカでの仕事生活にどっぷりと浸かっていたわけですが、家康公と江戸時代に対するこのような評価、見方はまったく初めて聞くものでした。それまで私は日本の歴史というものは、どちらかといえば若干矮小《わいしょう》な、極めて日本的で孤立したもののように感じていましたから、これを世界史的に見るというのはまったく新鮮で、しかもそれをアメリカ人から言われたことで印象がとても強かったのだと思います。

私は昭和二十一年に小学校に入った戦後教育の第一期生で、昭和三十九年に大学を卒業するまでずっと学習院に在学しました（大学在学中に二年間英国に住みましたので、そのぶん遅れて卒業しました）。学習院の先生方は立派な方ばかりで、私たちのような遊び好きで軟弱な都会派学生たちには誠に勿体《もったい》ない陣容だったと思います。特に高等科の歴史の先生方は素晴らしく、日本史は児玉幸多先生、西洋史は金澤誠先生、東洋史は小倉芳彦先生という豪華な布陣でした。

児玉先生は淡々として悠々たる日本の流れを教えてくださり、金澤先生は情熱的に、ほとんどの時間をフランス革命に割《さ》かれました。「遂に決起したパリ市民はバスティーユへ、バスティーユへと進んだのであった……」などという講義はいまでも思い出します（しかし期末試験は「ポエニ戦役について知るところを記せ」という一問だけでしたので、皆、呆然《ぼうぜん》としたものでした）。小倉先生の語られる中国歴代の王朝の盛衰も夢中になって聴きました。

しかし、いまにして思えば、私たちを魅了したこの名授業は、夫々《それぞれ》それだけで完結した世界だったと思います。もし、もう少し相互に関連付けて教えて頂いたならば、例えば日本史で元《げん》寇《こう》に対して博多湾で苦戦し、延々たる防壁を築いて日本を守った鎌倉武士について習うのと同じ時に、東洋史ではユーラシア大陸を席巻したモンゴル帝国と、それに征服された漢民族王朝、朝鮮の王朝、攻め滅ぼされて融合していったイスラム諸国を、そして西洋史ではモンゴルに征服されたロシアや、ギリギリの危機に瀕したキリスト教諸国の状況を教えて頂いていたら、世界と日本との関係がくっきりと理解できて、その後の日本について、もっと自然に世界全体との関連や比較を考えることが出来たろうと残念に思います。

紐育《ニューヨーク》勤務のあと、今度は本社から紅海・東地中海・黒海を見ることになり、サウジアラビア、ヨルダン、エジプト、リビア、シリア、ギリシャ、キプロス、マルタ、当時のソ連邦（いまのロシア、ウクライナ）やブルガリア、ルーマニア、ユーゴスラヴィアなどを五年間にわたって歩き回りました。いずれも長い歴史の激動を生き抜いてきた国で、複雑な民族の興亡や宗教の歴史、夫々《それぞれ》の民族の個性のようなものの知識がないと、なかなかビジネスも難しいところです。

しかもエジプト、ギリシャを除けば学校で習う歴史にはほとんど登場しない国で、出てきてもシュメールやヒッタイトなど、文明の黎明《れいめい》のところを習ったわけですから、現実の知識にはなりません。

当時は中近東の歴史、イスラム教世界についての良い本もなく、何か知りたくても手探りのような状態でした。ですから歴史や文化にあまり関係のないものを読んでいる時に「あっ、こういうことだったのか」と、ストンと長年の疑問が納得できる文章に出合った時は嬉しいものでした。ジグソーパズルの快感に似ています。

長い長い飛行機の旅というのも、誠にけっこうな読書の時間でした。あの空中に浮いてフワフワしている無為の時間を楽しみにして、随分いろいろな本を詰め込んでいったものです。

どうでもいいことなのですが、この稿を書くにあたって、いままで行ったことのある国の数を数えてみましたら、ちょうど五十ヵ国になりました（ロシアとウクライナは二国に数えてです）。欧州を拠点に働いてきた同僚たちは六十を超えた、とか、もうじき七十ヵ国になる、などと数を自慢しますが、アメリカを拠点にしていました私はそんなに数は増えません。なにしろ六時間飛んでも同じ国ですから、つまらないと言えばつまらないところです。欧州ですと六時間飛べば、欧州を突き抜けて中近東に到着してしまいます。

二度目のニューヨーク駐在の後、三十八年間のサラリーマン現役生活を終えて日本郵船の顧問になりましたのは二〇〇二年の六月でした。翌二〇〇三年四月に財団法人「徳川記念財団」設立の認可を文化庁長官から頂き、財団理事長という私にとってまったく新しい仕事が始まりました。あのジャパン・ソサエティの老先生との会話から三十何年かが経っていたことになります。

現在の財団の活動は大きく分けて次のようなことになります。

○　徳川宗家に伝来した歴史的資料（歴代将軍と大奥遺物・刀剣・衣料・絵画・文献・文書・その他）の保存・修理・研究・公開（展覧会開催）

○　日本近世の研究奨励

☆　徳川賞授与　一年間に発刊された単著の近世に関する学術研究書籍の中から選考。副賞百万円

☆　徳川奨励賞授与　毎年、近世研究で博士課程にある学生の中から五名を選考。奨励金五十万円授与

○　関連展覧会・研究書・メディアへの資料提供、協力

○　生涯教育への貢献　古文書講座、小中学生作文コンクール

○　関係資料収集

まだ設立してようやく四年の、資金力も誠に小さな財団ですが、多くの方々からの温かい応援を頂いて少しずつ形が出来てきたところです。いままであった多くの大名家の財団は、皆とても立派なもので、大名家としてその御領地を中心にされたものが多いようです。しかし我が家の場合は少し守備範囲が広いわけで、むしろ江戸時代全体を広く見るような性格のものとし

て育てたい、と小さな財団で大きな夢を見ています。

個人としては、財団という形にしてから各地で講演をする機会が増え、色々なところにうかがいました。多くの方々とお話をするなかで、今更ながらに江戸時代の裾野の広さ、大変に多くの方々が持っておられるこの時代への御興味の深さ、御先祖たちへの深いお気持ちを実感しています。


いま世界はグローバリゼーションの大きな波のなかに進んでおりますが、その中で多くの国が固有の文化・伝統や価値の喪失に直面して社会の混乱に陥っています。もっとも過激なところでは、それがテロという形にまでなっています。

日本は西欧文明に直面した異文明の国の中では、もっとも見事にそれを吸収・消化して、新しい価値を作り出してきたほとんど唯一の国です。その日本が、物質的にはおそらく世界最高の水準に達してしまったと同時に、そのモデルであった西欧文明自体は「品格」を失いつつあるように見えます。もう一度よく色々なことを考えてみる必要があるように感じています。

そんなことを頭に入れながら、世界の中の江戸という時代と、その時代を支えた「心」、そして現代の私たちに遺《のこ》されている江戸時代からの文化についてお読み頂ければ幸甚です。私はまったく学者ではありませんし、パズルは穴だらけで未完成ですから、このような本を書くことが果たして許されることなのか極めて疑問ですが、お許しを頂きたいと思います。

# 第一章　江戸時代とは何だったのか

日比谷稲荷社《ひびやいなりのやしろ》（『江戸名所図会』）

## 江戸時代は過去最悪の遺物？

歴史というものはまったく不思議なもので、その対象となる時代そのものではなくて、その時代を歴史として見る後代の人たちの考えによって造られ、語られるものです。無論、対象となる歴史上の時代についての研究を重ねた上でのことですが、あまり当たり前で普通のことは記録に残らないものですし、最初から固定観念があるとそれに合ったことだけが目に入ってきますから、結果としては本当のことからは離れてしまいます。

つまり現在我々が生きているこの社会を、三百年後の歴史学者が何と名付けて、どう評価するのかはまったくわからないわけで、「後期東京時代は自然環境が悪化し、人口の減少とともに社会が乱れ、子は親を殺し、親は子を殺す悲惨な時代であった」と書かれるのか、「東京時代は平和を維持し、未《いま》だ潤沢であった化石燃料を大量に消費することによって繁栄し、日本史上もっとも華やかな時代であった」となるのかは、すべて後代の人たちの見方と考え方に委ねられています。しかし一方では、どういう時代を後世の人たちに残し伝えるのかは、今日の我々の責任でもあるという不思議なものです。

ですから江戸時代に関する明治以降の評価を云々することに、果たして意味があるのかは若干疑問ですが、この本の出発点として触れておきます。

明治このかた、江戸時代は基本的には圧政と退嬰《たいえい》の時代として扱われてきました。

政治体制の大きな変換にあたって、新しい体制がそれまでの体制を絶賛することはまずないことですから、評価が悪くなるのはわかります。しかし明治の場合は、同時に社会全体が「輝かしい文明開化」に向かって、学問も文化も何もかも、西欧のそれをひたすら賞賛して導入する「御一新」に邁進したわけですから、それ以前の時代が大切にしてきたものや心の多くは、価値のない旧弊なものとして捨て去られてしまいました。日本の至宝とも言うべき美術品や仏像、多くの工芸品が二束三文で外国に流出し、現在では色々なものの「里帰り展」に長蛇の列が出来ていることは、ご存知の通りです。

さらに昭和二十年以降は、戦争責任を究明する議論の中で、明治以降に盛んに顕彰された日本国史観が糾弾されて、その中にあった「封建的」と目されたものはすべて「悪」の象徴のように扱われました。マルクス史観が学会の主流を占める中で、封建制と呼ばれた時代の最後に登場した江戸時代が、過去の最悪の遺物として扱われ、何もかもが悪い方に、悪い方にと解釈されていったことになります。

私の子供時代には「封建的」という言葉は、とにかく悪いことの代名詞で最大級の否定語でしたから、わけもわからずによく使いました。

「大体そういう封建的なことを言っているから駄目なんだ」というような使い方です。厳しい先生は「封建的な先生」でしたし、怖い父親は「封建的な親父」でした。躾《しつけ》にうるさかった松平の祖母などは、イタズラ坊主だった私にとってまさに「封建的」の権化《ごんげ》のような存在でしたが、今は心から感謝しています。

封建制という言葉が中国古代の地方分権制を指すものであって（これに対応する中央集権制は郡県制と言います）言葉自体としてはまったく悪い意味ではないこと、それを中世ヨーロッパの貴族制を指す「フューダリズム」の訳語として使ったこと、そしてさらにマルクス史観からいえば、このフューダリズムの時代は人民が抑圧され搾取された最悪の暗黒時代と規定されたことから色々な混乱が起こった言葉だということを知ったのは、ずっと後になってからのことでした。

ニューヨークでお目にかかった老先生が憤慨されていたのは、この頃の日本の江戸時代観に対するものだったのだろうと思います。

一九八〇年代に入る頃から、ようやくマルクス史観の呪縛から離れて、日本の歴史の実態や社会制度、さらに当時の人々の生活感情を偏見なしに研究して見直そうという方向が大きなうねりとなって出てきました。

最近では大変革の時代であった戦国時代を境にして、それ以前の古代から中世までの日本を歴史区分の一つのブロック、それ以降の江戸時代（近世）と明治以降の日本（近代）をもう一つのブロックとして、大きく二つに区分する見方も出てきています。つまり江戸時代は、封建制というくくりの中で、戦国、室町、鎌倉時代と一緒にするよりも、むしろ近代日本に引き継がれてゆく基礎を築いた時代として、近代日本とひとつのくくりにして考える方が正しいという見方です。

江戸時代は日本に事実上初めて登場した強力な全国政権のもとで二百六十五年にわたる平和を維持して、他のアジア諸国の専制政治とはまったく異なった性格の時代でした。そして、その中から現代に繋《つな》がる組織のあり方や理念、洗練した経済社会を発展させた大変にユニークな時代でした。そのために西欧の歴史学者はこの時代を「トクガワ・ジャパン」、また、より広い意味では「パクス・トクガワーナ」（徳川の平和）とも呼んでいます。

## 世界に先駆けた「徳川の平和《パクス・トクガワーナ》」の到来

その「徳川の平和」は日本を根底から変えました。百余年にわたった戦国の時代は、それまでの日本には見られなかった新しい指導者群を生み出し、エネルギーに満ちた時代でしたから、現代の小説、テレビや映画では大人気の時代です。しかし一方で、この時代は想像を絶した悲惨な時代でした。当時日本に滞在した宣教師ロドリゲスは著書『日本教会史』の中で戦国時代を次のように描いています。

「土地は全て耕作されることもなく、また耕作されていたところは種を蒔いたままで荒らされ、敵方や隣人によって強奪され、絶えず互いに殺しあった。日本全体は極度の貧窮と悲惨に陥った。商取引についても法も統治も無く、各自が勝手に殺したり、罰したり、国外に追放したり財産を没収したりした」

それが約百年後に長崎と江戸を二往復したケンペルによって描かれた江戸時代の日本は、完備された街道を信じられないほどの多くの旅人が平和に行き来し、宿場や城下町は活気にあふれ、すべての田畑は美しく耕されているものとなっています。彼は次のように書いています。

「この国の民は習俗、道徳、技芸、立ち居振舞いの点で世界のどの国にも立ち勝り、国内交易は繁盛し、肥沃《ひよく》な田畑に恵まれ、頑健強壮な肉体と豪胆な気性を持ち、生活必需品は有り余る程に豊富であり、国内には不断の平和が続き、かくて世界でも稀に見る程の幸福な国民である」

根本的で劇的な変化が、この二つの描写の行なわれた二つの時のあいだに日本に起こったことがよくわかります。

世の中が平和であることは、すべての人の望みです。この平和を実際に保障することが出来たことが「トクガワ・ジャパン」と呼ばれる江戸時代が長く続いた理由です。

ケンペルがこのように書いた十七世紀のヨーロッパ世界は、国によって異なりますが、全体としては絶対王政が強くなる時代で、太陽王と呼ばれたルイ十四世がヴェルサイユ宮殿を建てた時代です（三万人の大工さんたちが三十年かけて造りました）。しかし一方では、二世紀近くにわたる宗教戦争によって人口は減少して疲弊しており、異端審問に次ぐ魔女裁判の全盛時代でもありました。

さらにいえば、メキシコから南米にかけては、独自の発展をしてきた二つの大文明、アステカ文明とインカ文明がスペインによって滅ぼされた後、その文明を支えた民族もスペイン人が持ち込んだ病原菌や苛酷な鉱山労働などで人口が半減して、かわりに大量の奴隷がアフリカから連れて来られた時代でした（当時、ヨーロッパ人が進出した先々で同じようなことが起こっています。北米でも、カリブ海や南太平洋諸島でもヨーロッパ人が持ち込んだ流行病のために多くの人が亡くなりました。日本でも幕府が開港したあと外国船の入港が増えたために、各地でコレラが大流行して多数の人が亡くなり、社会に大きな動揺を与えました。発病から死亡までの時間があまりにも短いこともあって、人々はこの病気をコロリと呼びました）。この奴隷貿易はその後も長く続いたために、アフリカでは各地に芽生えていた文明が失われて、現在でも世界で最も貧しい大陸になっています。

ちょっと横道にそれますが、魔女裁判について少し書きます。ヨーロッパ社会の魔女裁判は十六世紀後半から盛んになり、十七世紀の終わりまでヨーロッパ社会に吹き荒れました。一番盛んだったのは、日本でいえば桶狭間の戦いから「生類憐みの令」を出された五代将軍綱吉公の頃になります。その後、この裁判は減少しながらも続き、ヨーロッパ最後の魔女裁判はポーランドで一七九三年に行なわれています。これは十一代将軍家斉《いえなり》公の時代で、もう江戸末期に近く、最も爛熟《らんじゅく》した文化文政の時代（化政時代と言われます）に入る時期です。また北の方でロシアが蝦夷《えぞ》地（北海道）に上陸して交易を求め、松前藩の番屋を襲ったりする事件が相次いで起こりましたので、幕府が各藩に対して海防（海岸線の防備体制）の重要性を指示するとともに、近藤重蔵や富山元十郎に日本の北方領土の調査を命じた頃でもありました。

当時ヨーロッパの人々の間には「財の総量は一定」という概念がありました。このため、たとえばAという農家の牛の乳が突然出なくなって、お隣のB家の牛が豊かに乳を出した場合、不自然な「財」の移動があったとみなされ、B家の主婦が魔術を使ってA家の牛乳を盗んだと認定される可能性がありました。この魔術は「牛乳魔術」と言われて、最もポピュラーな魔術でした。片方の主婦がバター作りに何回も失敗し、もう一方の主婦が毎回上手く作れた場合も、同じ牛乳魔術によるものと見られました。

「天候魔術」というのもありました。これはA家の葡萄《ぶどう》が霜害《そうがい》で収穫を失ったのに、同じような条件のB家の葡萄が豊かに実ったとすると、B家の主婦が天候魔術を駆使して天候を操作した結果と思われて告発される恐れがあったわけです。

人々は天国の「神」に対抗する地上の「悪魔」の存在を心底から信じていましたから、敬虔《けいけん》で真面目な聖職者がいるところほど、魔女の告発と認定は厳しく行なわれたと考えられます。

告発された人はほとんどが魔術を行使したことを自白して火炙《ひあぶ》りの刑に服しています。どのような苛酷な裁判であったか、考えるのも恐ろしいことです。

魔女裁判で火刑になった人の八割は女性で、その数は数十万に達したと言われています（以前は数百万に上ると言われていましたが、最近の研究では数十万となっています）。なぜ女性が対象になったのか。一つには旧約聖書にあるアダムとイヴの物語があります。ご存知のようにイヴは悪魔（蛇）の甘言にのってアダムをそそのかして、神の命令を破って禁断の林檎《りんご》を取らせて食べます。このために人類は神の楽園から追放されて、今日に至るまで地球という未開で、基本的には悪魔の支配する荒野に住んでいるのであって、その原因は女性が悪魔の誘惑に弱い性であることにあったと当時の人は考えました。

さらにキリスト教化される以前から、ヨーロッパでは女性は多くの呪術（というよりは、むしろオマジナイの類《たぐい》といった方が良いのかもしれません）を行なう性でした。女性は豊饒《ほうじょう》を祈る役目を負い、代々薬草の知識を受け継ぎ、医術を行なう性でもありました。この豊饒を祈り医術を行なう行為が、キリスト教社会では魔術を使うものと扱われたものです。世界の歴史には多くの宗教が登場しますが、一つの性をこのように扱った宗教は極めて稀なものでした。

江戸時代の最初の百年間であった一六〇〇年から一七〇〇年までの十七世紀の世界は、決して輝かしいものではありませんでした。

そんな世界の中で、世界の一番東のはずれにある島国という誠に恵まれた場所にあった日本は、世界に先駆けて、近代に続く安定した平和な一つの国としての歩みを始めたのです。

## 世界史の中の不思議な江戸時代

江戸時代を特徴づける第一のものは二百六十五年にわたる安定した平和です。これは日本の歴史では唯一のことですし、世界的に見ても極めて珍しいことです。長い戦国の時代からスッと平和の世界に移行し、それが長期にわたって守られたこと、当時の世界ではおそらく最大の銃器の保有国であり、合戦の中に生まれ育った武士階級が支配する国家がぴたりと戦いを止めたこと、その武人たちが独特な倫理感を持った有能な行政官になっていったということは本当に不思議なことだと思います。

ある講演でこのお話をしまして「稀有《けう》」という言葉を使いましたら、後から講演された早稲田大学・エジプト考古学の吉村作治先生が、

「もう一つ完全な平和を守った政権がありますから稀有ではありません。それはエジプトのプトレマイオス王朝（前三〇五―前三〇）です。この王朝も約三百年間、徳川幕府と同じく十五代の王が平和を守り、しっかりした統治を行ないましたから徳川時代と同じです。最後の王はクレオパトラ女王でした」

と言われました。でも、これは随分前の話です。

江戸東京博物館の竹内誠館長はよく、

「江戸時代は尾頭付きの時代であることが、世界的に見ても、とても珍しい」

とおっしゃいます。

近代に入る以前に、何年の何月何日から、何年の何月何日までが一つの政権の完全な統治時代だった、と言うことが出来る例は確かに珍しいことです。ほとんどの場合、一つの政権（王朝）は前政権末期の混乱の中に生まれ、再び混乱の中に消えていく。その時には、すでに次の政権（王朝）が興《おこ》っている、または他民族に征服されながら、前政権が亡命政権としてしばらくは細々と生き残る、というふうになりますから、江戸の時代は稀に見るほどすっきりしています。まさに見事な尾頭付きの時代だったのです。


武士と、武士以外の農工商という明確な階級制度がある中で、その支配階級であった武士たち（全人口の五％から七％が武士階級でした）が時を経るに従って貧しくなり、一方で農工商階級がどんどん経済的な力を増して豊かな社会を作ったというのも大変に珍しいことです。

外国人にこの話をしますと、大体の方は誠に疑わしげな顔をされます。

「トクガワさん。支配階級である武士たちが、絶対的な立法権と司法権と行政権と、軍事・警察権を持っていれば、その階級に社会全体の富が集まってくるのは世界の常識です。トプカピ宮殿でも故宮博物館でもヴェルサイユ宮殿でもロンドン搭でも皆そうです。日本だけが違うと言われても信じられません。アナタのところにも当然卵くらいのダイヤモンドか金貨の山か何かあるはずです。アナタは税務署が怖いから、そんな話をするのですか？　それならよくわかりますが」

というのが彼らの言い分です。それほど武士の政治感覚というのはユニークなものであったということなのですが、西欧人に説明するのはなかなか難しいことです。本当に何もないことを言えば言うほど疑わしそうに見られます。

いまでも時々「徳川埋蔵金」を探索している方からお手紙を頂きます。夫々《それぞれ》の御趣味の問題ですから特段に申し上げることもなく、ただ見つかったら御連絡をください、と申し上げますが、一向に連絡はありません。

これも日本に詳しい外国人の国際政治学の先生ですが、彼は「徳川幕府というのは政権の初期と末期に二つの見事な政治的判断をした極めて稀な政権である。この政府は当時の世界情勢の中でベストのタイミングで鎖国し、二百数十年たってギリギリのタイミングを外さずに、巧みな外交交渉で開国に踏み切った政府で、この国際情勢に対する判断はまさに絶妙なものだった」と言われました。さらに「ふつう政権はその創生期には大体において正しい判断をするが、終焉期にはあまりにも誤った判断をすることが多い中で、しかも限られた情報しかない鎖国体制の中で下した開国の判断は見事なものだ」と評価されました。
日本の中での「鎖国」の評価は、概して言えばあまり良くないように思います。私が日本郵船に入社した時に「それは御先祖の罪滅ぼしですか?」と聞かれて、一寸びっくりした記憶があります。

明治になって西欧列強との技術力と軍事力の格差の大きさに愕然《がくぜん》として、鎖国さえなかったらこんな格差はなかったはず、と極めて無邪気に切歯扼腕《せっしやくわん》したことはよくわかりますが、もう少し冷静に世界の歴史を見ると、果たしてそうだったか、この先生と同じように感じる面が強くなります。

十六世紀の大スペイン帝国から十九世紀の大英帝国まで、西欧列強諸国がどのように、世界の国々、それも高度の文明を持った諸国を植民地化していったのか。それは十二世紀にチンギス・ハーンが疾風怒濤《しっぷうどとう》の軍事力でユーラシア大陸を席巻したのとは随分違います。
スペインにしても英国にしても、真っ向から決戦を挑んで征服したのではありませんでした。彼らは対象となる国にある内部対立を助長して分裂を起こさせ、その内乱に付け込んで、資金や軍事援助を行ない、その国が疲弊したところで、対価として色々な権益を獲得して、ジリジリと支配権を広げていったのです。

日本にもこの危険性がありました。

戦国時代末期に長崎はイエズス会の領土となっていた時期があります。当時〝伴天連《ばてれん》〟と呼ばれた宣教師の中には、マニラのイエズス会極東本部に対して、この足がかりとなる領土を守るために、軍事力の派遣を繰り返し求めた人たちがいました。

大坂の冬・夏の陣のときも、島原の乱のときも、幕府が一番神経を立てたのは、強大なスペイン海軍が介入することだったと言われています。

幕末になって、英国が薩摩藩に肩入れし、フランスが徳川幕府を支持する形となったことは皆様ご承知のことと思います（この二つの国は、もう何世紀にもわたって戦い続けた宿敵です。よくまあ飽きもせず戦ったものだと思いますが、どちらか一国が誰かを支援すれば、反射的にもう片方の国がその反対者を支援することになります。アメリカとソ連の冷戦構造というのか、巨人と阪神というのか、そのような関係です）。このとき、巨額の軍資金借入や、直接的な軍事援助を受けていたならば、明治以降の日本の形は随分異なったものになっていただろうと思います。

少なくとも当時の幕府には、内戦のための巨額な軍事費用借入は日本国を危うくする、という明確な判断がありました。

その関連で言えば、二百六十五年続いた政権が、まだ充分な統治能力と戦闘能力を持ちながら、人民の蜂起による革命に直面したわけでもないのに、突然政権を返上したというのも、外国人にはまったく想像も出来ない謎のようです。

ですから次のような質問をされたこともあります。

「最後の将軍は政権を譲り渡す前に、当然天皇家と何か特別の取引（ディール）をしていたはずでしょう。それ以外には考えられません。そのディールを知らなかった会津や東北の藩が戦ったのだと思います。それがどんなディールだったのかを教えてください。きっと徳川家にはまだ発表していない秘密の記録があるはずです」

これはエール大学の先生からの御質問でしたが、お答えするのに苦労しました。未だご納得は頂いていません。

**まだまだ伝わっていない「日本人」の姿**

幾つか例を挙げましたが、どうも私たちがなんとなく当然と思ってきた色々なことが、世界の人々から見るとまったく不思議なことのようです。特に一般の外国人たちは明治以前の日本の歴史をまったくといって良いほど知りません。

私は一九九八年から二〇〇〇年まで二度目のニューヨーク勤務をしましたが、その時は一応日本郵船の全米の長ということでマンハッタンの真ん中にある高級アパートに住みました。あえて高級と言いましたのは、アメリカの高級アパートは徹底した安全対策がとられているところを指しますので、私の住んだところも厳重なものでした。フロントには二十四時間二名以上の人がおり、エレベーターには必ずエレベーターボーイが乗っていました。来客がある時は事前にフロントに連絡し、それでもフロントから電話で「ミスター誰々が行くがＯＫか」との確認があり、来客は目的の部屋番号のメモを貰《もら》って、これをエレベーターボーイに示して目的の階に行き、目的の部屋のベルを鳴らすまではエレベーターボーイがじっと見ている、という仕組みです。

毎日毎日、上がったり下がったりしますから、彼らエレベーターボーイとはよく雑談をしました。といっても一分くらいの間の話です。

ある日、そのエレベーターボーイが突然私に、

「お前はショーグンと聞いたが本当か？」

と聞きました。そのアパートには他にも日系企業のトップの方たちがおられましたから、何方《どなた》かが言われたのに違いありません。

「イエス。ショーグンの家のものだ」

と答えるくらいでもう我が家の階に着いてしまいますから、会話は断片の連続ですが、この話はいっぺんに有名になったらしく、エレベーターボーイたちから次々と質問を受けました。

「そうか。お前はショーグンか。するとお前はニンジャだな？」

「いや、それは一寸《ちよつと》……」

などと言おうとしているうちに着いてしまいます。すると次には、
「お前はニンジャか?」
ということになり、大混乱でした。

エレベーターボーイたちといっても、別に少年たちということではありません。アメリカでのこの手の収入の低い職は、だいたい移民の第一世代の仕事です。つまりアメリカ以外で育っていますので、言葉は不自由です。彼らが苦労してアメリカで育てた第二世代は、流暢にアメリカ英語を話すようになりますから、もう一段上の職業につきます。その次の第三世代は経済的余裕も出来てきますから大学へ通えるわけで、この辺でようやく普通のアメリカ人として社会に認められる仕組みです。ホワイトか、アングロサクソンか、東洋人か、という目に見えない社会条件が出てくるのはここからです。

私の住んだアパートのエレベーターボーイたちは、スロヴェニア、クロアチア、セルビアなど、紛争を逃れてつい最近アメリカへ来た人たちでした。彼らにすぐに職を与えているというあたりは、本当にアメリカの素晴らしいところです。

なかに一人、初老のエチオピア人がいました。エチオピアの大学教授だったそうで、冬は関節の痛みに何時《いつ》も不機嫌の極みのような顔をしていましたが、彼は「アメリカ人は教養が無い」と慨嘆していたものです。

国際的なビジネスマンや学者たちは、無論もう少しきちんとした日本観をもっていますが、それでも明治以前についての知識は皆無なのが普通です。一般的には日本は百年くらい前に突然登場した国で（それ以前は中国の一部だったか？）、無口で大人しく、勤勉で礼儀正しく、素晴らしい自動車とテレビ、カメラを作りながら毎日寿司を食べ、楽しみは時々ゲイシャと酒を飲む、といった程度の認識です。

私たちが色々な国の歴史を肌で知るのは、その国の人たちが誇りと自信をもって自分の国の歴史を語り、自分たちの伝統を大事に守ろうとするのを実感するからですが、日本は明治以降まったくそれをやってこなかった国でした。それも無理のない話で、日本人自身が明治以前の日本を何か恥ずかしいものと感じるように教育されてきたのですから、仕方のないことです。

しかし、そろそろ私たちは色々なことを西欧文明の目を通して見るだけでなく、自分たちの目でしっかりと見る必要のある時代になっていると思います。特に最近は西欧諸国の「品格」に相当の問題が出てきていると感じますから、なおさらのことです。

# 第二章　江戸時代を生んだもの

日野津《ひののつ》（『江戸名所図会』）

## 戦国時代の革命――血統主義から実力主義へ

江戸時代のお話に入るには、その前の時代、戦国時代から織豊《しょくほう》時代のところから始めなければなりません。

第一章で、戦国時代は日本の社会構造を根底から変えた時代だったと書きました。また大変に悲惨な時代だったことも、宣教師の書いた、いわばスケッチのような一文で御紹介しました。戦国時代という時代は、それまでの日本に連綿として存在してきた権威が破壊され、すべてのことが一度スクリーンにかけられて、大半のものが新しいものに入れ替わった激変の時代だったと思います。これに匹敵する日本史上の大変化は明治ではなく、「家」という概念を失った昭和二十年以降の社会の変化だったろうと思います。

戦国時代までの権威は天皇家を中心とした、いわば血筋の権威と、その権威の信仰をうけた寺院、神社など神仏が持つもので、それ以外の権威は原則的に認められていません。

源、平という武門で有名な一族も、それぞれ天皇のお子様が臣籍に降下してその姓を賜《たまわ》ったものです。最初の源氏姓は九世紀に嵯峨《さが》天皇がお子様たちに源姓を与えて臣籍に降下させたときに始まります。それまでは皇子は親王として皇室に止まり（現在の宮家です）、四、五代目になって（二代目からは王になります）姓を賜って臣籍に降下されるものでした。しかし、嵯峨天皇には五十人のお子様がおられて、とても皇室として養いきれなかったところから、三十二人の皇子・皇女に源姓を与えて臣籍にされました。これが嵯峨源氏です。これ以降天皇の皇子が直接臣籍に降下されるときは源姓を頂くことになったもので、村上源氏、宇多源氏、清和源氏などそれぞれの父の天皇のお名前をつけて呼ばれています（嵯峨天皇の五十人のお子様というのは、天皇家の最多記録です。妙なことで競争するつもりは毛頭無いのですが、わが徳川家の記録は十一代将軍家斉《いえなり》公の五十五人です。ただし家斉公の方がずっと長命でした）。

平氏は嵯峨天皇の少し前の桓武《かんむ》天皇のお孫様が平という姓を頂いて始まったもので、天皇の孫に当たられる王が臣籍に降下されるときに賜る姓となりました。

何れも大変に有力な家柄ですが、基本的には天皇の血筋に近いものが優位に立つことになっていましたから、時代が経るに従って、天皇家との血の繋がりは薄くなり、地位は下がっていきます。当時は血筋の高貴さによって、就くことの出来る官職も到達できる位（従三位下とか正二位というあの位です）もだいたい決まっていました。

京の都には偉い血筋の人たちがごろごろいましたから、あまり上にはいけないことになった血筋の人たちは地方に就職口を探します（地方に行けば貴人扱いになります）。この人たちが地方の有力者を従えて、軍事力を持って中央の高い血筋の権威と結んで成長してきたのが、武門と言われる初期の侍、武将たちです。

その侍たちが軍事力を背景に政治の第一線に出てくるのですが、やはり血筋は一番大切なものでした。鎌倉幕府は清和源氏の直系の政権でしたが、三代で血筋が絶えると北条氏が執権として実権を握ります。しかし北条氏は桓武平氏の一族で、古来征夷大将軍に任命されるのは、宮家か源氏の血統に限られていたことから、征夷大将軍にはなれない血筋でした。ですから、将軍としては代々京都から法親王（天皇の直系）をお迎えして、その執権として実際には政権を運営したわけです。次の足利政権は清和源氏ですから、直系ではありませんが将軍職に就くことが出来る家柄で、室町幕府を開くことが出来ました。

戦国時代に入ると、このような古来の血筋による秩序が大きく崩れます。「下克上」という言葉があります。「下、上に克《か》つ」と読みます。この下克上の大波の中で、血筋があろうがなかろうが、乱世を実力で乗り切り、自分の領地を完全に支配して、少しでも弱い相手を斬り従えて勢力を拡張する新しいタイプのリーダーが登場します。これを戦国大名と呼びます（もっとも多少なりとも血筋による権威づけがあればそれは大きくプラスに働きましたから、多くの家が苦労をして系譜の創作をしたと見られます）。

徳川家の始祖である松平氏も清和源氏に繋がる系譜を持っていますが、本当なのか、それとも創作なのかは今となってはわかりません。しかしこの血統証明書があったので、後に将軍として幕府を開くことが出来たのです（家康公以降の歴代徳川将軍は征夷大将軍の宣下《せんげ》を受けるときに、「源氏長者」の称号も頂いています）。

## 新しいリーダー像の確立

新しいリーダーたちは新しい能力（器量）を持って台頭します。大久保彦左衛門は『三河物語』の中で、将に求められるものとして次の三点を挙げています。

一　武辺。戦闘に強く、的確な状況判断をもって勝つ、また負け戦を回避する器量。

二　身内の衆、つまり直属の部下、または指揮下に入ってくる本来は独立した友軍にたいして、深く情けをかける器量（具体的には下級の武士にまで、優しく懇《ねんご》ろに言葉をかけることの重要性が強調されています）。

三　領民、百姓、さらに敵方に対しても深い慈悲の心を持つ器量。

彼は主君がこれらの器量を持って初めて家臣たちが御恩を感じて身を賭《と》して御奉公するものだ、と主張しています。

この三つの要素は松平家（徳川家）では「三引き付け」と呼ばれたもので、家康の曾祖父、松平信忠が子孫に対して、この三つのものが一つでも欠けては「御家は立つまじき」と書き残し徳川家の家憲となったものを、もう一度譜代の武士として確認しているものです。

現代の会社経営に引き直してみれば、
一、優れた経営判断能力
二、社員とその家族に対する深い情けの心
三、社会に対する思い切った貢献
がなければ会社は永続することは出来ない、と言っているわけです。

戦国末の武将、黒田如水《じょすい》は家訓として次のように書いています。
「神の罰より主君の罰恐るべし。主君の罰より臣下百姓の罰恐るべし。神の罰は祈りにより、主君の罰は詫び言にても免れるべし。ただ臣下百姓に疎まれては、必ず国家を失う故、何よりも臣下万民の罰もっとも恐るべし」

戦国から江戸期へ島津家を守り通した名将、島津義久も教訓の中に次のように書いています。

一　百姓を憐れむこと憲法たるべきこと。民の飢寒をおもひ、苦悩貧富知るべし。
一　民の利をさきとして、おのれの利を次にすべきこと。
一　下郎の咎《とが》を云ふべからず。下郎の無礼を云ふべからず。

これらの中で百姓と言っているのは、現在私たちが使う農家の意味ではなく、すべての人々のことを指しています。

応仁の乱を経て、守護の斯波《しば》氏を倒して越前の領主となった戦国大名、朝倉敏景《としかげ》の遺訓（十五世紀末に書かれたもの）もこの時代の精神を象徴するものとして有名です。

一 朝倉の家にては、宿老を定めるべからず。その身の器量忠節によりて申しつくべきこと。

一 代々持ち来たり候とて不器用のものに奉行職預けられ間敷《まじ》く候。

つまり朝倉家においては、代々続くような重役を定めてはならない。その人物個人の能力によって任命すること。また親に能力があったからといって、能力のないものに奉行職などを与えてはいけない、というもので、まさに実力のみで重要な役職の任命を行なうことを定めています。

一代で小田原北条氏（鎌倉幕府執権の北条氏と区別するために後北条氏と呼ばれます）を建てた

北条早雲《ほうじょうそううん》は、

「上下万民に対し、一言半句も虚言を申すべからず。仮そめにも有りの儘《まま》たるべし。虚言を云つくれば、癖になりて後は人に見限らるべし。糾《ただ》されては一期《いちご》の恥と心得るべきこと」

と教え、その子北条氏綱《うじつな》は書置の中で次のように言います。

「侍中より地下人百姓に到るまでいずれも不憫《ふびん》に存ぜられるべく候。（略）天晴《あっぱ》れよき侍と見るものに、思いの外武勇無調法の者有り、人のゆるしたる虚気《うつけ》ものに、武道においては剛強の働きするものあり。この者は一向の役に立たざるうつけ者よと見限り果てることは、大将の心には浅ましき狭き心也」

「万事倹約を守るべし。花麗（華麗）を好む時は下民を貪《むさぼ》らざれば出る所なし。倹約を守る時は下民を痛めず、侍中より地下人百姓迄も富貴なる時は、大将の鉾先《ほこさき》強くして合戦勝利疑いなし」

## 現代に引き継がれる戦国時代の遺訓

まだまだいくらでも例はあるのですが、ここで言いたかったことは、戦国大名という新しいリーダーたちは自ら生き抜くためにも、自らの出処進退を明らかにして、部下の武士たちと領民全体の厚い信頼を勝ち取ることが何よりも重要だったということです。そのためには、強い武力を持つことは第一でしたが、それとともに峻烈《しゅんれつ》さと、公平な人事、また弱いものに対して深い情けをあわせ持つリーダーであることが不可欠でした。

これは戦国以前のリーダーたちが子孫に残した遺訓とは、だいぶ異なっています。戦国以前のものには、

「神仏を恐れ敬うこと」
「礼儀作法に必ず間違いのないこと」
「先例をよく知り、調べること」
「上位のものには敬意をはらうこと」
「付き合う相手をよく吟味すること」

などが多く、全人格的リーダーを作るというよりは、むしろ如何《いか》にして安定した権威構造のある社会の中で身を生き抜くか、というニュアンスの方が強く表れているように感じます。これはこれで大変重要な処世の道ではありますが、戦国期の遺訓は、指導者の理念としてはもう一段上のもので、指導者の自己責任を強く感じます。

なにやら最近の経営・経済雑誌の「リーダーの資質特集」を読んでいるようにも感じられるでしょうが、この戦国時代に生まれた指導者たちは領国経営の指針として儒教を読んでいます。実践の経験と儒教の考え方によって出来たこの時代の理念は、江戸時代にそのまま引き継

がれて、あるときは「武士道」と名前をかえ、また豪商たちの家訓としても生きていきました。

そしてこの精神は近代に入ってからの日本のリーダーたち、企業経営者の理念に繋がり、日本の近代の発展の精神的基礎を形成していったものと考えています。

儒教というと、何かアナクロニズムのように感じられますが、この、戦国時代に生まれ江戸時代に熟成した経営の思想が、西欧社会と日本の一番違うところのように思えます。

## スペイン、ポルトガルの台頭

突然ですが、コロンブスがアメリカに到着したのは一四九二年のことでした。日本では応仁の乱から約二十年たった戦国時代の真っ只中の時代です（実際にはコロンブスの到着したのは現在のキューバですから厳密にはアメリカ発見ではありませんが）。先ほど御紹介した戦国大名の中で、実力主義一本の朝倉敏景はすでに越前一国を手中に収めて十年前に没し、後北条氏の始祖北条早雲が伊豆の国を平定して韮山《にらやま》に城を築いた時になります。

（一言お断りをしますと、西暦と日本の太陰太陽暦、つまり旧暦とは正確には対応しません。日本の旧暦の方が大体一ヵ月一寸《ちょっと》遅いのですが、十九年に七回閏《うるう》の月が入りますから、正確に年を合わせようとしますと、なかなか大変です。日本で年末に起こったことは、西暦では次の年に入ってしまいますし、西洋で年初に起こったことは日本暦では前の年号に入ってしまいます。しかしこの本は、歴史の学術書ではありませんから、単純に西暦と日本暦を対応させています。お許しください）

当時のヨーロッパ社会は東洋からの香料の輸入が長く途絶えて大変に困っていました。東洋と西洋を結ぶ交易路を支配してきたイスラム諸国が、十一世紀に始まった十字軍以来繰り返されるキリスト教諸国の乱暴な侵入に辟易《へきえき》して、交易路を閉ざしたからです。

そこで、外洋に面したスペインとポルトガルが新しい交易路を開拓すべく乗り出していきました。スペイン王の援助を受けたコロンブス（イタリアのジェノバの出身です）は大西洋を真っ直ぐ西に向かって航海し、そこで発見した島々、現在のカリブ諸島は、ユーラシア大陸の東側水域の島々、つまりアジアの一部であることを確信し、「インディオス」に至ったことをスペイン国王に報告しました。「インディオス」は当時漠然と東洋をさす呼び名です。一方、ポルトガルはその四年前の一四八八年に、すでにアフリカ大陸南端の喜望峰を越えてインドに至る航路を発見していました。バスコ・ダ・ガマの航海です。

スペインはコロンブスの発見した大西洋直行の新航路の方が、はるかに早く「インディオス」に到着できる最短航路であると判断し、これを独占するべく時の教皇アレキサンドル六世を口説《くど》き落として、彼の仲介で有名なトルデシリャス協定を発効させます。この教皇はスペイン出身の教皇ですから、スペインの利益のためにこの協定を推進しました。ちなみに彼は毒薬多用で有名なチェーザレとルクレチアのボルジア兄妹の父親です（チェーザレとルクレチア兄妹は二人の間では生涯スペインの方言であるバレンシア語で会話をしていました）。

トルデシリャス協定というのは、大西洋の中ほどで南北に線を引き、その西側（地図で言えば左側でアメリカ大陸のある方です）はスペインの権益、その線の東側（右側でアフリカ大陸のある方です）はポルトガルの権益と決めました。権益というのは、その域内の遠洋航路を独占することと、その権益内にある非キリスト教の地域（つまり神による浄化がなされていない野蛮な地域）は、勝手に征服して領土にしてよろしいということです。どうも何というか、大変な協定です。

この南北に引いた線が、南米大陸の東側の出っ張った肩のようなところにかかっていたために、この部分はポルトガル領ブラジルとなり、それ以外はすべてスペイン領になりました。現在でもブラジルではポルトガル語が使われ、他の中南米諸国では全てスペイン語が使われています。

ポルトガルは着々とアフリカ南端の喜望峰廻りでアジアに進出します。一五一〇年（永正七年）にはインドのゴアを占領して基地を築き、一五一三年には、待望の香料諸島（日本のほぼ真南にあるインドネシア領のモルッカ諸島のことです）に到着します。織田信長が生まれるまだ

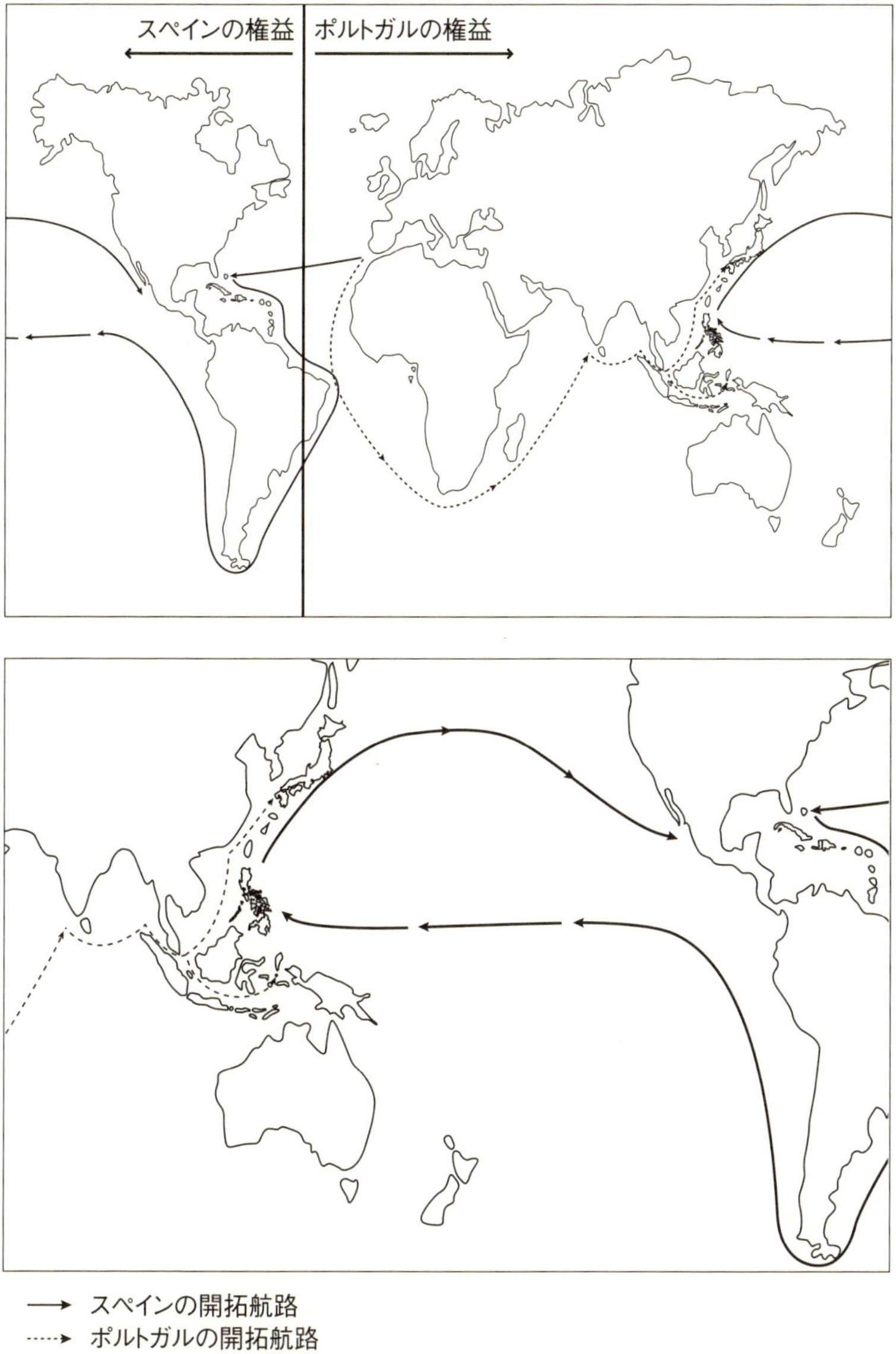


→ スペインの開拓航路
⋯→ ポルトガルの開拓航路
— トルデシリヤス条約分界線（西経46度37分）

二十年前のことです。

一方有利な航路でインディオスに着いたはずのスペインは、北に上っても南に下がっても一向に東洋らしい所には行き着きませんでした。コロンブスはさらに三回の大西洋横断航海をしてアジアを探しますが発見できません。しかしその代わりにスペインの探検家たちは、途方もない二つの大文明にぶつかります。現在のメキシコから中米に栄えたアステカ文明と南米ペルーを中心としたインカ文明です。

この二大文明は極めて短期間で滅亡してしまいます。そしてスペインの「征服者」たちは驚くほどの金銀財宝を手にいれます。彼らはアステカ文明を支えたメキシコの銀鉱を手にいれますが、それに加えて現在のボリビアに巨大な銀鉱を発見（一五四五年）します。このボリビアのポトシという標高四千メートルにある銀山は莫大な量の銀を一五八〇年頃から産出して、世界の銀相場を暴落させました。この巨大な富がスペイン帝国の全盛期を十七世紀を通じて支えました。

これらの鉱山の労働条件は悲惨の極みでした。南米のスペイン政府はすべてのインディオの村に、毎年男性七人に一人の鉱山労働者の供出を義務付ける法律を作りました。これでも不足のため「ミタ」と呼ばれる人攫《ひとさら》いを業とする独立行政法人のようなものを作り、労務者の補給をしました。特に現在のペルーのワンカベリカにあった水銀鉱山は、労務者の短期死亡率はほとんど百%だったと言われています。このため村々のインディオは逃亡し、約八十年で南米の人口は半減しました。

最近の考古学調査によって、古代アンデス文明の姿が徐々に明らかになってきていますが、この驚くべき文明は三千年以上前から、古代エジプト文明に匹敵する大文明でした。巨石を用い、地下の大神殿を作ったチャビン文明、その後にあの地上絵で有名なナスカ文明があり、そしてインカ文明へと続いてきていたものです。


まったく余談になりますが、人類がアメリカ大陸に渡ったのはだいたい一万五千年くらい前、まだベーリング海峡が陸続きだった頃からで、寒冷なアラスカの西岸を南下して、北米大陸西岸、中米をへて南米大陸の南端に到達するのに二千年から三千年くらいかかったと言われています。

アフリカの何処《どこ》かで生まれた人類の祖先が中東に進出して、さらに東に向かったグループ（日本人の御先祖様もその中にいました。そのグループの一部がアメリカ大陸へ渡ったわけです）と、北に向かったグループ（中央アジアから欧州へ進んだグループ）に分かれたのはだいたい四万年前のことと言われていますから、このスペイン人たちとアステカ、インカの人々の対面は約一万五千年ぶりにユーラシア大陸に残った人類と、新大陸に移動した人類が再会したことになります。

長い年月を経て巡り合った二つのグループの人類は、驚くほど同じような文明を育てていました。王がいて、貴族がいました。強い宗教があって神殿があって僧侶がいました。言葉があり文字があり、学校を作って子供を教育し、病院を建てて病人に手当てをし、刀、弓矢、盾を持って戦いました（さらにスペイン人は鉄砲も持っていました）。トウモロコシ、ジャガイモと麦の違いはありましたが、豊かな農業が社会を支えていました。大都会があり、ピラミッドなどの大建築があり、下水道をつくり、立派な暦を持っていました。どちらも金と銀の輝きを愛し、彫刻や絵画で建物を飾っていました。

西暦一五〇〇年、つまりこの劇的な再会があった時点、日本が戦国の真っ只中にあった時点で、アステカ帝国、インカ帝国の人口はそれぞれ二千万程度で、アステカの首都テノチティトラン（現在のメキシコシティーです）の人口は二十五万人だったと言われます。この頃の日本の人口は一千万から一千二百万でした。つまりこの二つの帝国は当時の世界では最大級の帝国でした。

新大陸側の人類が持っていなかった致命的なものは、天然痘、インフルエンザ、ペスト、麻疹などに対する免疫力でした。環境歴史学者のクロスビーは「征服者（コンキスタドール）の栄光の勝利は、おおむね天然痘ウイルスの勝利だった」と記しています。ウイルスと鉱山労働のダブルパンチです。

免疫力のことは別として、一万五千年以前、石器時代に分かれて完全に隔離されていた人類が、まったく同じような文明を育てていたことは私にはとても不思議で、もう少し違っていても良さそうに思えます。よく一卵性双生児が赤ん坊のときから別々に成長したのに、同じ日に結婚して子供に同じ名前をつけた、などという話を読みますが、いったい遺伝子というものに、どのくらいの、誰も知らない精緻《せいち》なプログラムが入っているのか、考えると少し怖くなります。

## 伴天連の時代

さて話をもとに戻します。同じように東洋の香料を求めて旅立ったスペインとポルトガルのうち、ポルトガルが最初に東洋にやって来て、やがて日本に現れた理由はおわかりになったと思います。

一方アジアに出遅れたスペイン人たちは、新たなる大陸からジャガイモやトウモロコシ、カボチャやトマトを持ち帰り、ヨーロッパの農業生産力を飛躍的に向上させて、長いヨーロッパの発展を可能にしました。これらの南米原産の食物は十六世紀末には世界を一周して日本にも到着していました。

アジアに先行したポルトガル人が種子島に漂着して、鉄砲が伝来したのは天文十二年(一五四三年)で、信長は九歳、秀吉は六歳、家康はまだ一歳の幼児でした。

戦いの中に生きる戦国の武将たちはすぐにこの近代兵器に着目し、日本は驚くほどの速さで高性能の鉄砲の生産に入りました。世界最高水準にあった刀剣鍛冶の技術が転用されたためです。そしてこのことが戦国時代の性格を一変させます。長い地方予選の時代から、一気に甲子園の決勝トーナメントに入ったようなものです。それはこの近代兵器が使われることによって戦死傷者の数が激増し、勝負の決着が早く、決定的になったためです。

その象徴的な戦いが鉄砲伝来から約三十年後の天正三年（一五七五年）の長篠の合戦です。この戦いで織田・徳川連合軍は敷設した柵の中から鉄砲を連射して、勇名を馳せた武田軍を粉砕しました。これはおおかたの予想を裏切って信長公のトーナメント優勝がほぼ確定した合戦です。この時信長公は四十一歳、家康公は三十三歳（数えで三十四歳）です。

イエズス会の俊英フランシスコ・ザビエルが布教のために日本に来たのは、鉄砲伝来のわずか六年後の天文十八年（一五四九年）のことで、この頃から徐々に日本は南蛮ブームの時代に入ります。鴨南蛮、カレー南蛮、鯵《あじ》の南蛮漬と、私の大好物が南蛮の字を貰《もら》っていますが、このまったく新しい文明との遭遇は、大変な興奮と興味をもって当時の日本人に迎えられました。物見高いことは今も昔も変わりません。伴天連の様子は次のように描写されています。

「人間の形にて、さながら天狗とも見越入道とも名のつけられぬもの、伴天連と言うものなり。鼻の高きこと。さざえの殻のいぼの無きを吸い付けたるに似たり。目の大なること眼鏡を二つ並べたるがごとし。目のうち黄なり。こうべは小さく、足手の爪長く、背の高さ七尺余りありて、鼻赤く、歯は馬の歯より長く、頭の毛ねずみ色にして、杯を伏せたるほどの月代《さかやき》をすり、もの云うことかつて聞えず。声は梟《ふくろう》の鳴くに似たり。面体の凄まじきこと、荒天狗と申すともかようには有るまじと人みな言えり」（『切支丹退治物語』、江戸初期）

見越入道というのは当時有名な大きな入道姿のお化けのことで、どうも散々な言われようですが、実際には信長も歓迎し、国の実権を握ってから本能寺の変で倒れた天正十年（一五八二年）までの間に三十一回も主要な伴天連と会談しています。

この蜜月時代から、キリスト教禁教、そして鎖国へという流れは、細かく書きますとそれだけで一冊の本になってしまいますから、簡単に後の章で御説明しますが、この南蛮ブームの時代は、日本が初めて世界の状況、それも強力な武力をもって世界中に進出している西欧諸国の実態を認識したという意味で、本当に画期的な時代でした。信長も秀吉も家康も、初めて見る世界地図を眺めて、日本の位置と、あまり大きくない島国である実態をはっきりと認識したわけです。

なおアメリカでうろうろして出遅れていたスペインは、一五二〇年（永正十七年）、つまりコロンブスが東洋に着いたと間違えてから二十八年後に、ようやく太平洋に進出してきます。マゼラン艦隊が南米大陸南端を廻って太平洋に入ってきたのです。そして五年後の一五二五年にルソン島のマニラにアジアの本拠地を構えます。スペインによるフィリピン諸島の統治はその時から一八九八年（明治三十一年）、米西戦争にスペインが敗れて米国が統治を始めるまで約三百七十年間続きます。

先に述べましたアレキサンドル六世のトルデシリャス協定は、地球の裏側ではどうなったのでしょうか？　協定は当然のことながら地球の裏側についでは何も触れていませんでした。東回りで来たポルトガルと西回りで来たスペインが地球の反対側でぶつかったのですから、当然大喧嘩になるはずですが、この争いは起こりませんでした。

長篠の合戦の五年後、一五八〇年にポルトガル国王はイスラム勢力を駆逐するために北アフリカ、現在のモロッコ、アルジェリアに出兵して戦死します。その後のポルトガル国王になったのはスペイン国王フェリペ二世でした。つまり一人の王が二つの王国の王になったので、争いは回避されたのです。しかしこの頃から次の海運国であるイギリスとオランダが遠洋航海に出てきます。この二つの国はキリスト教の新教国ですから、スペイン（とポルトガル）とはまさに敵です。これからはこの新・旧のキリスト教国の争いが日本を含む世界中で始まることになります。

## 文禄・慶長の役

江戸時代に入る前にもう一つ、後々まで日本の在り方に大きな影響を与えた事件がありました。文禄・慶長の役（一五九二―九八年）と呼ばれる朝鮮出兵です。古代を除けば日本が初めて経験したこの海外戦争は七年間続きました。朝鮮国では壬辰《じんしん》の倭乱と呼びます。この戦争は派遣された日本軍にも、救援に派遣された明国軍にも、そして何よりも突然戦場となった朝鮮国の人々にとっても本当に悲惨なものでした。

天正十年（一五八二年）に本能寺で信長が倒れた三年後の天正十三年、秀吉は関白の位を得て事実上の日本の支配者となりました。この年に彼は部下にいずれ明国を征服する意向を示し、翌年には面談したイエズス会の宣教師クエリョに対して征明のときには軍船を提供することを要請し、クエリョは二隻の提供を申し出たと言われています。つまり実際に出兵する七年も前から、秀吉には日本を平定した後には明国を征服するプランがあったということですから、この戦争は単なる思いつきではなかったことになります（関白になった年、彼は四十八歳でしたからまだ老人性気質になるには早いように感じます）。

秀吉は天正十五年（一五八七年）には九州を平定しました。その時、長崎がイエズス会の所有地になっていること、また九州の切支丹大名（大村氏、有馬氏など）の領地でキリスト教宣教師の要求により仏教寺院が破壊され、仏像がすべて薪《まき》として焼却されていること、スペイン、ポルトガル船が多くの日本人を商品（奴隷）としてアジア諸国に輸出していることなどを知ることになります。彼はキリスト教を禁止し、長崎をイエズス会の手から没収します。

天正十八年には小田原の後北条氏を下し、家康を関八州に移封して日本平定を完了します。家康は新領地の安定経営に忙殺されることになり、当分のあいだ国内には秀吉の脅威になるものはなくなっていました。

そして、秀吉はその年に来日した朝鮮通信使と面談し、明国征服（征明）の通路にあたる朝鮮国が自分に恭順し、道案内として先頭に立って明国へ進むことを要求しました。しかし朝鮮使はこれを拒否します（彼らは秀吉の日本統一を祝し、友好関係樹立を求めて来日した使節でした）。

秀吉は征明の基地として肥前（佐賀県）名護屋に巨大な城郭を築城します。浅野長政を総奉行に小西行長、黒田長政、加藤清正らの手で造られたものです。その周辺には日本中の大名の屋敷が建ち並んで、忽然《こつぜん》として大きな城郭都市が出現したのは一五九二年（天正二十年→文禄元年に改元した年）のことでした。この年の四月、秀吉は名護屋城に着城して九軍編成の征明軍を進発させます。総勢十五万八千人余の軍勢です（これに多数の水夫や人夫が動員されていますから、実際の人数はもっと多くなります）。

（外交交渉、誤解、虚偽の報告、対馬の宗氏の苦衷などの詳細は直接本書には関係がないので一切省略しています）

緒戦は圧倒的に日本軍が勝ちます。大量の鉄砲の使用と、歴戦の将兵の力が朝鮮国軍を破り、大変な勢いで進軍しました（当時朝鮮国軍はまったく鉄砲を持っていませんでした）。そして秀吉は遠征の大構図を示します。それは次のようなものです。

○二年後には明の征服を完了する。そのうえで関白秀次を中国の関白として北京周辺百ヵ国を与える。

○天皇（後陽成天皇）に北京へお移り頂く。公家衆は随行する（二年後の行幸の準備を公家衆に命じました）。

○天皇には十ヵ国を差し上げる。公家衆にもこの中から知行を分け与える。

○日本の天皇には後陽成天皇の皇子に即位して頂く。その補佐として小早川秀秋を置く（後に日本は家康に任せる、と言い替えています）。

○朝鮮国王である李氏は存続し、堪忍分として所領を与える。実質的には織田信秀が支配する。

○寧波（ニンポウ。上海の南にある良港で、ながい日中交流を通じての基地であった国際都市）を南アジア・天竺遠征の基地とする。秀吉自身はここを本拠として、次の征服作戦の指揮を取る。

そこには明国の軍事力の分析も何もまったくありません。つまり軍事好きの中学生が夢想するような内容なのですが、次々に入ってくる緒戦の大勝の報とともに聞いた多くの人々は、仰天しつつも半ば信じたようです。猛将加藤清正は、自分も十ヵ国の太守になるであろうと嬉しげに書いています。

## 悲惨な結果となった秀吉の朝鮮出兵

しかし事実はそのようには進みませんでした。朝鮮の宗主国である明国は援軍を派遣します。この軍はまだ日本にはなかった大砲を持っていました（中国はもともと火薬を発明した銃砲の先進国です）。朝鮮各地では義軍が結成されゲリラ戦を展開します。

朝鮮半島の冬は日本人が経験したことがないほど寒く、もともとほとんど米のとれない半島北部には食料がありません。補給路は長く伸びて兵站《へいたん》は難しく、李舜臣《イ・スンシン》率いる朝鮮水軍は日本水軍を破り、補給はますます困難になります。

そのなかで秀吉の命を受け渡朝して督戦に努める石田三成ら朝鮮奉行と、苦しい戦を続ける加藤、黒田、小西、鍋島、立花らの諸将とのあいだに確執が生まれます。また前線諸将のあいだにも反目が生じてきます。さらに緒戦において諸隊が次々と勝っていくのに、負け戦を演じた大友義統《よしむね》や、波多信時などの大名が秀吉の怒りを買い、卑怯・臆病・怠慢であったとして罰せられ、日本の領地を改易（没収）される事件が起こります。諸将の奮起を求めるはずのこの処置は前線の諸大名に衝撃を与えました。進むも破滅、退くも破滅という構図が見えてきたのです。そして遠く日本にいる総司令官秀吉と前線諸将のあいだにいる、石田三成など秀吉直属の若手の官僚たちへの憎しみが深まりました。

後の関ヶ原の合戦に、これら第一線で戦った諸将の多くが、三成率いる西軍ではなく、家康率いる東軍に参加することになったのはこのためです。

（今日でも海外に展開している日本企業の多くで、同じようなパターンの本部と海外部隊の対立が見られます。通信技術が発達し、ことあればすぐに飛んで行くことのできる現代でもそうなのですから、海外というものの経験がまったくなく、強烈な自意識を持った武将たちが命を賭けて戦っているなかで起こった対立は激烈なものになったと思われます）

明は単独で和平交渉を行なうために使者を派遣しましたが、これも決裂しました。秀吉が明国に対し明国王女を天皇の后《きさき》として差し出すことを求めたためです。

その後、まったく進展しない出兵に業を煮やした秀吉は、自身で三十万の新たな軍勢を率いて渡朝することを計画しますが、家康と前田利家の反対にあい、失意の内に慶長三年（一五九八年）六十一歳で亡くなります。死の五ヵ月前、秀吉は醍醐の花見を催しました。このとき醍醐の山々に茶屋を建て、千三百人の女房衆が美しく着飾って集まり、公家衆、武家たちが金銀や諸国の名宝を献上し、これが山のように積まれたと言われています。しかし一方では浅野長政の当時の書状には「六十余州、悉《ことごと》く荒野となる」「嘆き悲しむもの天下に満つ」などの記述があります。

秀吉の死去の後、前田利家と家康はその喪を秘したまま、全軍の引き上げを命じます。約七年間朝鮮半島に従軍した将兵は、漸《ようや》く日本に帰ることができたのです。しかし秀吉死去の情報は漏れ、引き上げ軍は朝鮮水軍に叩かれ、さらに多くの命を失いました。日本にたどり着いた軍勢は約十万と言われていますから、最初の派遣兵数と単純に差し引きしても約六万の戦死者が出たことになります。七年のあいだに派遣大名はそれぞれの領地にむかって増兵派遣の要請をしていますし、水夫、輸送に従事した人夫などが多数参加していましたから、戦死者の数は六万人よりもずっと多かったはずです。また、相当数の日本将兵が降伏して朝鮮国に同化していったという記録もあります。

当時の日本の総人口は大体千二百万人くらいだっただろうと推測されています。現在の一億二千万強の十分の一です。ということは、仮に七万の戦死者が出たとすれば、今日に引き直すと七十万人が帰らぬ人となったことになりますから、いかに社会に与えた影響が大きかったか、おわかり頂けると思います。そしてこの悲惨な記憶は江戸時代に入って、清に侵略された明の援助要求を断り、鎖国にむかう大きな要因となったものと思われます。この出兵の悲惨な記憶を日本人がすっかり失ったのは明治に入ってからでしょう。

## 現代まで続く文化の流入があった

一つだけどうしてもこの戦争について書いておかなければいけないことがあります。それは捕虜として日本に連れてこられた朝鮮国の人々のことです。全体で何人だったかはわかりません。連行された人々の大多数は農民でした。日本は多くの若者の出征により、先ほどの浅野長政の手紙に書かれていたように「六十余州、悉く荒野と」なりかけていましたから農民はどうしても必要でした。

また朱子学者の姜沆《カンハン》、鄭希得《チョン・ヒドク》、洪浩然《ホン・ホヨン》たちの儒学者もいました。彼らは日本で厚くもてなされ、藤原惺窩《ふじわらせいか》などと交流して日本に朱子学をもたらしました。後に惺窩の門人である林羅山が家康のブレーンとして朱子学を中心とした幕府の学問体系を作っていったのはご承知の通りです。

陶工も大勢来ました。肥前有田焼（伊万里焼）、長門萩焼、筑前高取焼などは、各々の大名が連れてきた陶工たちに命じて作らせたものが基礎になっています。また縫官女と呼ばれる刺《し》繍《しゅう》の職人たちも来ました。これは特に秀吉の命によって連れられてきたものです。この刺繍の技術は日本の服飾刺繍に大きな影響をもたらしました。その他にも色々な技術が入ってきています。後に家康が進めた金属活字による印刷技術もこのときに入ってきたものです。悲劇の中に日本に伝来した多くの技術や文化は、江戸時代を通じて日本のものとして、さらに発展して現代まで続いています。

もう一つの側面は、皆様お馴染みの韓国料理に使われる赤い唐辛子で、これはこのとき日本から朝鮮半島に持ち込まれたものだという説があります。唐辛子の原産地は南米です。日本への伝来も南蛮文化の最先端地域であった九州で、そこからそのまま朝鮮半島に伝播したようです。

さて、なぜ秀吉がこのような外国戦争を始めたのかは未だ謎です。彼自身は何も書き残していませんし、腹心と思われる三成などもその点については書き残していません。

伴天連の持ってきた世界地図を見て、日本の小ささに憤慨したという話もありますが、まさかそんなことで、これほど無謀な戦はしないと思います。

私の想像ですが、秀吉が事実上日本を平定して、もう自分には戦って勝つべき対象が何もないと知ったときに起こってきたものは、大変な不安だったのではないかと思います。秀吉は貧しい家に生まれ、信長の草履取りから関白となった方ですから天才的な「何か」があったことは間違いありません。しかし、それは学問や深い教養に表されるような種類のものではなかったのでしょう。平和な世の中が来て、再び家柄、学問、教養、文化的素養などが価値として重要視される世になったならば、彼のいる場所は何処にあるのか、そんな恐怖があったのではないでしょうか。

彼が茶の湯にのめり込みながら千利休を殺し、自作の能を演じ、あまり上手くない歌を作り、一方で空前の華やかな宴をしきりに催したのも、何かそういった焦りのようなものを感じさせます。

もう一つ大変に印象的なことは、彼にはブレーンと呼べるような人材がほとんどといっていいほど見当たらないことです。戦国の時代は、その武将の器量が厳しく問われる新しい時代だったことを書きましたが、一方でその器量を慕って家臣となる武士の大きな役目は、主人が間違っていると感じたときは厳しく諫言《かんげん》することでもありました。これは時として命がけのことです。そして器量ある主人はその諫言を重く受け止めるだけの受容力を持っているものと思われていました。秀吉の周りにそういった関係の人材がいた様子は見えません。これも彼の致命傷だったように思います。

家康をはじめとする同時代の武将たちは、この悲惨な海外戦争の結果を肌で感じながら、これらのことを深く考えたことは間違いのないところでしょう。秀吉は何処で何を間違えたのか。それは何故か。何が欠けていたのか。そうしたことへの認識が次の新しい時代をつくる基礎となったように思います。

# 第三章　家康公の時代

徳川家康筆　大黒天図（徳川記念財団所蔵）

## 江戸時代には「神君」だった家康

さていよいよ江戸時代へと話を進めたいと思いますが、まずこの時代の基礎を固められた家康公のことから始めます。

（通常私は徳川家に関係のあることを書く時には、先祖として家康公をはじめ歴代の将軍には敬称の「公」をつけて書きます。この項も何時《いつ》ものように「公」をつけて書き始めたのですが、考えてみましたら本章にはたくさんの人名がでてくるため一寸《ちよつと》おかしいので、ここから本章では歴史上の人物として敬語を使うのは止めて書くことにします）

家康は死後「東照宮」として神として祀《まつ》られ、江戸時代を通じて人々の心の中に「神君」として絶対的な存在でした。ここで後の将軍たちにどのように家康の考えが理解されていたのかを見てみます。

八代将軍の吉宗の時に次のような記録があります。

（ある人が吉宗にむかって）「御旗本衆には代々伝へし甲冑《かつちゆう》・武具の類《たぐい》、悉《ことごと》く質屋へ預け置きて、毎年質屋にて虫干しを致し、流し申さぬように物成り・御宛がいの節（年貢の収入がある時に）、利銭を出し置き候こと、言語道断なることにて候」と申しければ、吉宗聞きて笑ひて、

「東照公千辛万苦遊ばされしは、一度《ひとたび》天下を泰平に為さんと思し召しての事なり。誠に弓は嚢《ふくろ》に、太刀は箱に収まる世こそ目出度《めでた》けれ。嚢よりも箱よりも、今は遥かに打ち越えて、旗本の武器、悉く町人の土蔵に預け置くとは、是より能く治まる時節は、天地開け始まりてあるべからず。東照宮は箇様《かよう》に成され度く思し召して、御苦労遊ばされし也。武具の哀れ質屋に朽《く》つるこそ、尚ほ目出度けれ」と言はれたり。

また最後の将軍となった慶喜が鳥羽伏見の敗戦後、大坂を脱して江戸に帰ったとき、大奥にいた天璋院《てんしょういん》（十三代将軍家定夫人、島津家出身）と静寛院宮《せいかんいんのみや》（十四代将軍家茂《いえもち》夫人、仁孝天皇皇女、時の孝明天皇の妹君）の二人から、朝敵の汚名を蒙《こうむ》り、幕軍を捨てて逃げ帰ったことを厳しく叱責されました。そのとき慶喜は、自分は東照神君なれば如何に遊ばされたかを真剣に考えた、いま日本を二つに分けて再び戦乱の世となすことは決して神君のお考えとは思えない、と弁明したと言われています。

二百五十年を経て、なお幕府の基本判断は、家康の考えを忖度《そんたく》してなされたことを示すものだと思われます。

テレビもラジオもない江戸時代に、子供たちは自分の家の先祖の話を繰り返し、繰り返し聞きながら育ちました。まして武士の子供たちは「神君」、その「神君」と自分の主君である大名や先祖たちの関係、自分の先祖の武勇や歴代の業績についての話を、いやというほど聞かされたはずです。こういう教育と、その結果身についた先祖との深いきずなの感覚は「家」という概念がなくなってしまった現代には急速に失われつつありますが、日本の歴史と文化を考えるとき、この「先祖―自分―子孫」という、自分の属する「家」の流れや、そこにある名誉や伝統、その流れの中での個人の責任というものが常に強烈に意識されてきたことをよく理解しておくことが必要と思います。

なお天璋院、静寛院宮の二人の女性は、その後西軍による江戸総攻撃の回避と、徳川宗家存続のために全力を尽くしました。戊辰《ぼしん》の役が諸外国の政変のように本格的な内戦にならなかった大きな理由が、この二人の女性たちの努力にあったことも、だんだんに忘れられてきていることは本当に残念です。

## 家康の幼・少年期時代とは

さて、家康です。

家康が生まれたのは天文十一年（一五四二年）の暮れ、三河国の岡崎城でした。父は岡崎城主・松平広忠、母はおなじく三河の刈谷城主・水野忠政の娘、於大《おだい》の方です。応仁の乱の先駆けともいうべき嘉吉《かきつ》の乱から、ちょうど百年目のまさに戦国時代の真っ只中のことです。

このとき織田信長は八歳、秀吉五歳でした。ついでに書きますと今川義元二十三歳、武田信玄二十一歳、上杉謙信は十二歳です。さらに書きますとコペルニクスが六十九歳、ミケランジェロが六十七歳、マルチン・ルターが五十九歳で皆存命でした。家康と同じ没年（元和二年、一六一六年）のために同時代人として有名なシェイクスピアはまだ生まれていません。彼は家康より二十二歳年下です。

家康誕生の翌年、種子島に鉄砲が伝来したことはすでに書きました。

家康の伝記を長々と書く気はありませんが、基本的なことだけを少し書きます（細かく書くとたいへんです）。

松平家は三河松平郷（現豊田市）を拠点として初代親氏《ちかうじ》から家康の父・広忠まで八代を数える一族でした（この松平八代の御墓は豊田市松平の高月院と岡崎市の大樹寺にあります）。一族の祖は源義家の孫・義重（新田義重）で、その末子義季《よしすえ》が上野国世良田庄徳川郷に住んで徳川義季と名乗り、南北朝の混乱の中に衰微して、義季の子孫の八代目親氏が流浪して松平郷に至って、郷主松平太郎左衛門の娘を娶《めと》って松平氏を名乗ったというのが系図です。親氏以前は、いわば徳川家の神話時代ともいえます。

松平家三代目の信光が寺に納めた願文があります。

「阿弥陀佛《あみだぶつ》の大慈悲力を蒙《こうぶ》り天下泰平国家安穏を守護せしめんと欲す。之に依り子孫代々浄土の真宗に帰依し、仏神を崇敬し奉り、加護の力を以って武運を開栄し、天下の守護職として上は叡慮《えいりよ》を安んじ奉り、下は国家を治め万民を安んじ、普く念仏を流布し、二世の利益を施し共に大菩提を成ぜん」というものです。小さな領主の願文としては、天下の守護職たらんというのは気宇壮大なものがあります。

家康の祖父清康はなかなかの英傑で、岡崎を拠点にほぼ三河一国を平定しました。しかし彼は尾張の織田信秀（信長の父です）との戦いの途中に誤って部下に殺され、岡崎勢は混乱し織田軍は岡崎に迫りました。家康の父・広忠がわずか十歳の時でした。広忠は流浪し今川の援助のもとでようやく岡崎に帰り、その後は今川方の尖兵《せんぺい》として尾張勢と戦うことになります（地方武将である松平家は東に駿河の今川、西に尾張の織田という強大な勢力に挟まれており、とても同時に二方面作戦の出来るような力はありませんでした）。

広忠と結婚して家康を生んだ於大の方は、実家水野家の父が亡くなり、兄の代になって水野家が織田方に味方する方針となったために離縁となり、幼い家康を残して松平家を去ります。於大の方が十七歳、家康はわずかに満一歳一寸《ちよつと》のときです。そして三河の国侍の多くが織田方に傾くにつれて広忠に対する今川方の不信が強くなったこともあって、家康は人質として駿府《すんぷ》へ送られることになりますが、途中で織田方に味方する勢力の手によって逆に尾張に送られてしまいます（わずかな銭で売られたともいわれています）。天文十六年、家康六歳のことです。ここで十四歳の信長と会うことになります。その後の二人の関係を見ると、この子供時代の二人の間に出来た信頼と友情の関係は大変に深かったのだろうと思われます。

二年後、父・広忠が亡くなり、松平家を主と仰ぐ三河武士たちの苦難の時代が始まります。その年、今川勢は織田勢との合戦で織田信秀の子である信広（信長の兄です）を捕らえ、織田家に人質となっていた家康と交換されることになりました。八歳の家康は交換の途中に城主不在の岡崎城に立ち寄り、家臣たちの涙に送られて今川家の本拠地である駿府へ行きます。そしてそれから十二年間にわたって駿府で成長しました。

この今川家人質時代は、無論それほど居心地の良いものではなかったでしょうが、三河松平の若き当主としての扱いは充分に受けており、義元みずから元服の儀を行ない、臨済寺の太原《たいげん》雪斎《せっさい》という傑僧から教育を受けています（雪斎は僧であるとともに義元の参謀である武人でもありました）。いまも臨済寺には幼い家康が使われた小さな勉強机が残っています。

当時の駿府は日本中に長く続く戦国の中にあって平和で安定した都市であり、多くの公家衆、学僧や能楽師などが集まっていた大文化都市でもありました。家康はその文化を吸収しつつ成長したことになります。家康は後になって、義元の墓所を通る時はかならず下馬して礼をおくり、高家として召し抱えた今川家の子孫には丁重な扱いをしています。

家康十六歳の時、義元の姪にあたる関口義広の娘を娶《めと》り、同じ年に初陣を果たしました。今川家抱えの若き武将としてのスタートを切ったのです。

その家康の立場が急変したのがあの桶狭間の戦いです。今川軍の最先鋒として大高城への敵前兵糧補給という難しい作戦を成功させ、織田方の丸根の砦を攻め落とした時に、その横を反対方向に駆け抜けた信長が桶狭間の奇襲で義元を打ち破りました。岡崎城に詰めていた今川勢は義元討死の報に接して城を捨てて駿河に引き上げ、家康は一日形勢を見てから空城となっていた岡崎城に入りました。このときの家康の行動を武田信玄は「若年に拘らず沈着なる仕様」と褒めています。永禄三年（一五六〇年）、家康十九歳のことです。

この時、岡崎で織田軍と遭遇し、一時は極めて危険な状況となって、家康は松平家の菩提寺である大樹寺に入って難を逃れますが、そこで大樹寺住職の登誉《とうよ》上人《しようにん》から、これからの戦は万民に平和をもたらすものでなければならない、と諭されます。これ以降、家康の旗印は「厭《おん》離穢土《りえど》　欣求浄土《ごんぐじようど》」となりました。他の武将たちの勇ましい旗印にくらべて、なんとも抹香臭《まっこう》い旗印ですが、このあたりで家康の性格、考え方が、何か少しずつ固まってきたように思えます。

岡崎で独立を果たして一年後に信長と和睦し、その翌年の永禄五年（一五六二年）、祖父以来三代にわたって続いた今川との関係を絶って、家康は信長と同盟を結びます。家康が二十一歳の時でした。この織田・徳川（松平）連合は天正十年（一五八二年）信長が本能寺の変で倒れるまでの二十年間、少しも揺るぐことなく続きます。家康の特徴の一つは一生を通じて大変に信に厚いこと、別の言い方をすれば誠に律儀なことでした。

永禄七年（一五六四）、二十三歳の家康は朝廷に願って姓を松平から徳川に戻す勅許を頂き、徳川家康となりました。彼が新しい戦国大名として自立を宣言したことになります。どうでもよいのですが、この年にミケランジェロが亡くなっています。八十九歳の長命でした。

**家康の経験した大きな「戦」**

彼は生涯に六回の大きな戦をしています。

一　は姉川の合戦で、織田・徳川連合軍が朝倉・浅井連合軍を近江の姉川で散々に破ったものです。

家康二十九歳の元亀元年（一五七〇年）のことです。

二　はその三年後の元亀三年（一五七三年）、三河に侵入した武田信玄と三方ヶ原で戦い完敗を喫しています。鎧袖一触《がいしゅういっしょく》といった感じです。しかし信玄はその翌年亡くなり、新たなる強敵は信玄の嫡子・勝頼となります。三十二歳の時です。

三　は更に二年後の天正三年（一五七五年）、長篠の合戦です。家康三十四歳のこの合戦で織田・徳川連合軍は信玄亡きあとの武田軍を大破します。

このあと約六年間にわたり家康と武田勝頼との戦は続きますが、天正十年（一五八二年）三月についに織田・徳川連合軍は甲斐に入って勝頼を破り、名家武田家は滅亡します。その結果、家康は駿河一国を領地に加え、三河、遠江、駿河三国の領主となります。

しかしそのわずか三ヵ月後に本能寺の変が起こり、信長は四十九歳で亡くなりました。二十年間続いた織田・徳川連合は終わりを告げたことになります。家康四十一歳の時です。信長の死去により旧武田領に空白が生じ、家康は侵入してきた後北条氏と戦い甲斐、信濃両国を押さえます。これで五ヵ国の領主となったわけです。

四　は本能寺の変から二年後の天正十二年（一五八四年）家康四十三歳の時、天下人たらんとしていた秀吉を相手に織田信雄《のぶかつ》（信長の次男）と連合して戦った小牧・長久手《ながくて》の合戦です。この戦は八ヵ月にわたる両軍の対陣で、戦闘らしいものは一回だけですが、これは家康の完勝でした。

しかしこの間の謀略戦は秀吉の方が二枚も三枚も上手で、サッサと信雄と和睦してしまいます。名分を失った家康は軍を退き、度重なる要請を受けて秀吉の指揮下に入ることになります。家康には不本意だったと思われますが、一端そうなったからには、今度は秀吉が死ぬまで、完全に秀吉を支えることを崩しません。

そして天正十八年（一五九〇年）小田原攻略のあと、秀吉の命で旧領から後北条氏の旧領である関八州に移封となり、この年の八月一日（八朔《はっさく》）に小村であった江戸に入ります。家康四十九歳でした。これを「江戸御討ち入り」と呼び、八朔の日は江戸時代を通じて幕府と江戸市民の重要な祝日となりました。この日、幕府の吉例にならって吉原の遊女たちが揃って純白の衣装を着たことも有名です。

その前年には家康は駿府で天台宗の僧・天海と会い、帰依するとともに、それ以降徳川家のアドバイザーに起用しています。またこの江戸御討ち入りの二年後に第二章に書きました朝鮮出兵が始まりました。

五　は慶長五年（一六〇〇年）家康五十九歳の時の関ヶ原の合戦です。この天下分け目の合戦での勝利によって事実上の日本の支配者になりました。
この年に、難破したオランダ船の水先案内人であった英国人ウイリアム・アダムス（三浦按《あん》針《じん》）とオランダ人ヤン・ヨーステンを召し出して側近に加えています。またイギリスが東インド会社を設立して、インド支配の道を踏み出したのもこの年です。

二年半後の慶長八年（一六〇三年）に征夷大将軍となって江戸に幕府を開き、さらにその二年後の慶長十年（一六〇五年）には将軍位を秀忠に譲り、駿府城の完成を待って駿府に移りました。臨済宗の禅僧・金地院崇伝《こんちいんすうでん》と、儒者・藤原惺窩の推薦した若き俊英の儒者・林羅山を召し出したのもこの頃です。

六　最後の戦が、関ヶ原の合戦から十四年後の慶長十九年（一六一四年）に起こった大坂の冬の陣と翌年の夏の陣で、家康は七十四歳でした。

**元和偃武**

十六歳の初陣から五十八年間にわたる戦いの時代が終わったときに、家康は年号を「元和」と改め、時代が「和」に移ったことを天下に宣言しました。またこの時から平和となったことを指して「元和偃武《げんなえんぶ》」と言います。偃という字は「ふせる」「やめる」という意味です。儒教にある「偃武修文」（戦いを止め、学問・教育によって平和な世をつくること）から採ったものです。

大坂夏の陣から約一年後、元和二年（一六一六年）四月十七日に家康は駿府城で亡くなり、遺言によって翌日に久能山に葬られました。七十五歳でした。

亡くなる数日前に側近の石川忠總《ただふさ》を召して次のように言い残した記録が東照公御実記付録と二代秀忠公の実記にあります。

「（われ）天寿まさに終はらんとす。大樹（秀忠公）天下の政を統領すれば、我なからん後のこと更に憂ひとせず。但し大樹の政務僻《ひが》あらんには各かはりて天下の事はからふべし。天下はひとりの天下にあらず。天下は天下の天下なれば、我これを恨まず。たとひ他人天下の政務をとりたりといへども、四海安穏にして万民その仁恩を蒙らば、これもとより家康が本意にしていささかも悔やみおもふ事なし」

しかし一方では遺骸を愛用の太刀とともに久能山頂に西に向けて葬ることも命じています。彼の目指した平和な世界を乱すものは、西から来ることを感じていたことになります。

家康の遺訓として伝わるものは幾つかありますが、最も有名なものは、

「人の一生は重荷を負ふて遠き道を行くが如し。急ぐべからず。不自由を常とおもへば不足なし。心に望み起こらば困窮したる時を思ひ出すべし。堪忍は無事長久の基。怒りは敵と思へ。勝つことを知りて負くることを知らざれば害その身にいたる。おのれを責めて人を責むるな。及ばざるは過ぎたるに勝れり」

というもので、慶喜も私の先代の家正も軸として書き残しています。

私の最も好きな一節は、若干唐突に「及ばざるは過ぎたるに勝れり」とあるところです。

これは論語にもありますが、より明確には儒教の四書のうちの『中庸』にある「知者過之、愚者不及。賢者過之、不肖者不及」（知者はこれに過ぎ、愚者は及ばず。賢者はこれに過ぎ、不肖者は及ばず）を踏まえたものと思いますが、知者、賢者が自分を過信して、本来あるべき中庸の道よりも物事を過激にやり過ぎるよりは、愚者、不肖のものが努力してもあるべき水準に達しない方が、人の生き方として、また政治の姿として優れている、と彼の生涯の経験から断じた至言であると思います。信長、秀吉と自分を比較しての感慨かもしれません。

もっとも最近の研究では、この有名な遺訓は家康が自分でこういう纏《まと》まった形にして残したものではなく、身の回りに仕え、親しく家康の言葉を記録してきた人々が、家康の生涯を振り返って遺訓として纏めたものとされています。一説には水戸徳川家の徳川光圀《みつくに》が纏めたともいわれています。

たとえそうであっても、この遺訓の素晴らしさは変わりません。

まったく余談になりますが、こうして家康公のことを書いていますと懐かしく、また可笑《おか》しく思い出すことがあります。私がまだ小学生で祖父家正の家に遊びに来ていた時、家正が、

「恒孝は徳川家康公を知っているか？」

と尋ねたことがあります。家正の居間のあった二階の和室の縁側で、日の光が一杯に入っていて家正は籐《とう》いすに座っていました。私は「こんな有名な人を祖父は知らないのか」と思い、

一生懸命に教えてあげました。

「家康というのは悪いひとで狸親父と呼ばれていること。真田幸村という正しく強い侍がいて、なんとかこの狸親父をやっつけようとしていること。幸村には猿飛佐助《さるとびさすけ》や霧隠才蔵《きりがくれさいぞう》という凄い忍者と、三好清海入道や伊佐入道、穴山小介《こすけ》や海野六郎という豪傑がいるから、いつかきっと狸親父をやっつけること。猿飛佐助と霧隠才蔵は江戸城に忍び込んで、狸親父が豊臣家を滅ぼそうとしている秘密を探ろうとしていること。でも天海という悪い妖術使いがいて、こいつに邪魔されてしまうこと」

などです。当時『猿飛佐助』という漫画が人気でクラス一同愛読していました。たしか杉浦茂氏という漫画家のものでなかなかの傑作でした。

家正がどういう反応をしたのかよく覚えていませんが、たしかニコニコしてもっと本を読むように言われたような気がします。それからしばらくして、私は家正の養子になり松平姓から徳川姓に変わりました。

## 活字・出版文化は家康がひろめた

本題に戻ります。もう一つ家康が言った言葉があります。

「人倫の道明かならざるより自ずから世も乱れ国も治らずして騒乱止む無し。この道理を諭し知らんとならば書籍より外には無し。書籍を刊行し世に伝へんは仁政の第一也」というものです。

この言葉の通り、家康は関ヶ原の合戦の前年、伏見城にいたときから活字印刷による本の出版を進めました。京の僧で足利学校の学頭であった元結に命じ十万余の木活字を作り、『貞観政要』、『孔子家語』、『六韜《りくとう》』、『三略』、『周易』などを刊行したものです。日本における最初の大規模かつ本格的な活字出版で、このとき出された本を伏見版といいます。

さらに大御所として駿府に移った後に、今度は銅活字を同じく十万強鋳させ、林羅山、金地院崇伝を中心に臨済寺、清見寺などの僧侶を動員して活字印刷本の刊行を続けます。『大蔵一覧』、『群書治要』などで、これを駿河版とよびます。この銅活字は長く紀州徳川家に伝わりましたが、戦災にあい、残った数百字が重文に指定されて凸版印刷の博物館に入っています。銅活字の作成には朝鮮から来た技術者の力が大きく働いていました。

家康の出版した本は、あまり難しい理論や哲学の本ではありません。むしろ正しい政治のあり方、失敗した例などを歴史の中から具体的に述べた史書が中心で大変に現実的な本ばかりです。そしてこれらの出版にあたっては、正確を期すために、諸国の寺院、大名家に所蔵されてきた古本を筆写照合する膨大な作業もなされ、これらの貴重な原典の多くは後に江戸城内の紅葉山文庫に収蔵されました。

この紅葉山文庫は、日本の最初の国立図書館として江戸期を通じて発展します。八代将軍の吉宗は図書の収集に力を入れ、多くの貴重な漢籍を輸入して蔵書に加え、さらに西洋書物の中国語訳の輸入を許可して、多くの有用な書物を加えています。幕末に江戸城に乗り込んだ明治政府軍は、真っ先に勘定方の書類と紅葉山文庫を押さえたと言われています。紅葉山文庫の最終時期の蔵書数は十一万四千点で、その大半は今日も内閣文庫（現国立公文書館）と宮内庁書寮部に所蔵・保管されています。多くの希書を含み、現在ではまさに世界的な宝物ともいえるものです。

家康によるこの積極的な活字本刊行と出版事業の奨励は、平和の到来とともに大変な活字印刷の出版ブームを巻き起こし、儒書、史書、佛教の典籍、医学書などの出版が京都を中心に民間の本屋の手によって盛んに行なわれました。いわゆる古活字本時代です。それまではひたすら強いことに価値のあった戦闘要員の武士たちが、平和の到来とともに行政官としての高い教養を求められたことで、これらの本の需要が急増したこともこの出版ブームに寄与しています。

そして百年後の元禄の時代には年間に四千点強の出版物が世に出ることになり、出版の中心も京都、大坂、江戸と広がりました。この時代になると活字印刷は下火となり、版木印刷（一頁分を木版で彫って印刷する手法）が再び主流となります。

理由は活字印刷には不向きの仮名交じり本や、絵入りの本が多数を占め、活字を作り保管する固定コストが高いものになったためと言われています。そしてこのことは本を読む人たちの中心が武家、公家、儒者、僧侶、神官、医者などの知識人層（彼らはいわゆる漢文を読みました）から、それ以外の庶民と女性層（仮名交じりの日本語文しか読めない層です）に大きく広がったことを意味し、それはまた、この百年間で社会全体の識字率が爆発的に向上したことを意味しています。

本の種類も大変に広がります。当時最も出版部数の多かったのが俳諧の本でした。松尾芭蕉が『奥の細道』を歩き、日本中を新しい俳諧の文化である蕉風が風靡《ふうび》した時代です。そのほか百科事典にあたる重宝記や物語本、童話にあたる赤草子も出てきます。元禄といえば、大坂で井原西鶴や近松門左衛門が活躍し、歌舞伎、浄瑠璃が熱狂的に迎え入れられた時代です。そして日本の出版事業は幕末に向かってますます豊富な分野で拡大してゆきます。

ちなみに現在イラクの識字率は四十％です。アフガニスタンは三十六％に過ぎません。二百年前の日本よりもはるかに低い数字です。しかもタリバン統治下のアフガニスタンでは、教育は宗教施設で行なわれ、書物らしいものは原理主義的なものだけで、女性には一切の教育が禁止されていたことは皆様ご存知の通りです。

このような状況では人々の思考の幅は極端に狭いものにならざるをえません。「これは違うのではないか？」と疑問に思う心の種子が極めて少なくなるからです。中世のヨーロッパもおなじようなものでした。出される本の内容が厳しく検閲され制限されたナチスドイツや、戦時中の日本、現在の北朝鮮などもおなじようなものだと思います。自由に本が出されることの大事さは本当に大きいものですが、四百年まえに、書籍を刊行することが正しい政治の根幹である、と喝破した家康という方は大変な方だったと思います。

江戸の教育システムについてはあとで触れます。

## 朝鮮と日本が平和のうちに交流した

もうひとつ、家康が強いリーダーシップで進めたことがあります。外交政策です。彼は秀吉没後、誠に素早くまた積極的に外交政策の立て直しを図りました。

秀吉が死んでわずか一ヵ月後には潜伏していた宣教師ジェロニモを伊勢から召還し、スペインの東西の基地だったフィリピンとメキシコ（ヌエバ・エスパニア——新しいスペイン——と呼ばれました）間の交易（つまり太平洋航路です）に参加することの仲介を要請しました。またその太平洋航路の日本への寄港を要請し、日本各港の安全な提供を約束しています。但《ただ》しキリスト教の宣教は禁止の条件付きでした。

二年後の関ヶ原の戦いの年にウイリアム・アダムスとヤン・ヨーステンを召し出したことは

書きましたが、その後ウイリアム・アダムスに西洋式外航船の建造を命じています。アダムスは勝《すぐ》れた造船技師でもありました。

関ヶ原の翌年には日本船の貿易を秩序立ったものとして行なうために朱印船の制度を作り、フィリピンの総督、安南国など東アジア諸国に通告をします。戦国時代から続いた倭寇問題を解決し、正規の貿易ルートを確立するためでした。

一方、文禄・慶長の役で滅茶苦茶になっていた朝鮮半島と中国との関係修復にも力を注ぎます。幸い家康は文禄・慶長の役にはまったく出兵していません。

将軍位についた翌年、慶長九年（一六〇四年）に朝鮮国から「探賊使」（つまり敵国の情報を探りにきた使者ということになります）として対馬に渡来した僧の惟政《ユ・ジョン》を対馬の宗義智《そうよしとも》が京都に帯同し、翌年に家康と秀忠と面談します。そこで家康は両国の国交の回復を希望し、文禄・慶長の役の際に朝鮮国から日本に連れてこられた捕虜千三百人余を引き渡して朝鮮に帰国させました。

この家康の行なった捕虜返還は大きな反響をよび、国交回復の要請に応じて朝鮮国はその二年後の慶長十二年（一六〇七年）に総勢五百四人の大外交ミッションを「回答刷還使」という名目で日本に送ってきました。刷は「拭って清める」の意味であり、還は「往きて戻る」の意味ですから、家康の要請に回答し、捕虜全員の送還を求める使、ということになるのだろうと思います（これを第一回目の通信使の来訪と数えます）。

一行は二月に釜山を出発し、対馬、赤間（下関）、瀬戸内海を経由して大坂に上陸し、陸路で京都を経由し、江戸に到着したのは五月のことでした。以降、朝鮮通信使の来日はこのルートになります。幕府はこの使者を通じ、明国との国交回復の仲介を打診しますが、朝鮮側はこれを拒否します。慶長元年（一五九六年）に明が秀吉を日本国王に任命する使節を送ったのに対し、聚楽第《じゅらくだい》で引見した秀吉の非礼と、何ら外交的回答をしなかった非礼が決定的要因でした。

朝鮮使の一行は帰路駿府で家康と面談しました。家康は五隻の舟で駿河湾を遊覧して歓迎しましたが、このとき駿河湾に南蛮船が錨泊《びょうはく》していたことに驚いたことを朝鮮へ帰国後の報告書に書いています。これがどの船だったのかはわかりません。この時にはウイリアム・アダムスが伊東温泉の海岸で建造した外航船がすでに完成していましたから、その船だった可能性もあります。

またこの一行に帯同して、さらに千四百十八人の捕虜が無事帰還しました。前回とあわせて三千人弱の捕虜が朝鮮に帰国したことになります、

この朝鮮使節が帰国して二年後の慶長十四年（一六〇九年）、日本と朝鮮国の間に正式な国交回復の条約が出来、釜山の豆毛浦《トモポ》に日本大使館である倭館が設置されました。

捕虜の返還は使節団の二回目（元和三年［一六一七年］の来日で使節団総勢四百二十八名）と三回目（寛永元年［一六二四年］で総勢四百十四名）が家光公の就位を祝賀するために来日した

時まで少数ずつながら続きました。これ以降はすでに戦争から三十年が経過して、帰還希望者がもういなくなったため、返還事業は行なわれませんでした。

寛永十三年（一六三六年）の四回目からは「刷還使」の名前は使われず「通信使」と名称が変わります。正式の国交を持ち、互いに「信を通じる」国家関係となったのです。

この朝鮮通信使の来日は江戸時代を通じて全部で十二回行なわれ、都度四百から五百人の大ミッションでした。毎回大規模な歓迎が行なわれ、これは日本にとって最も華やかな国際行事でした。長い日本国内の旅行中、街道の両側には群集が群がって見物し、各地で両国の文人たちの詩・文の交換による交流が盛んに行なわれました。朝鮮と日本が平和のうちに交流した素晴らしい時代でした。

一方、江戸時代を通じて中国との正規の国交回復は出来ませんでした（民間ベースの貿易は盛んに行なわれます）。

中国は儒教を奉じる「礼」の国です。儒教には大きく二つの流れがあります。一つは「仁」「忠」「恕《じょ》」などの言葉で表される道で、これは人の心の問題です。もう一つは「礼」の道で、これは無用の争いを避けるために人や国の守るべき「形」であって、相手を傷付けないための配慮といっても良いと思います。この二つが両輪となって初めて平和が守られ、万民が幸福な社会が成立すると考えましたから、礼を失することは極めて重大なことです。「礼」に対して

「礼」で応ずることの出来ない人や国は、野蛮な人・国として扱われることになります。「礼」を無視することは、また最大級の侮辱にもなります。秀吉の対応はまさに野蛮であり侮辱と受け取られたのです。

最近の中国を見ていますと、この「礼を失した扱い」と彼らが感じることには大変に過敏に対応するように思えます。共産革命、文化革命の大波を経ても、本来の中国文化の伝統、DNAは大変に強いものであることを改めて感じます。

一寸横道《ちょっと》ですが、この第一回朝鮮通信使（朝鮮回答刷還使）の来日した一六〇七年（慶長十二年）は、アメリカのジェームズタウン（バージニア州）に最初の入植地が出来た年でした。

同地の歴史財団から、入植地誕生四百年を記念して「一六〇七年の世界」という大掛かりな展覧会を二〇〇七年秋から約一年間開催するので、狩野探幽《かのうたんゆう》の描いた家康公の肖像画を出展して欲しいという要請が私どもの財団に来ました。一六〇七年の世界を輪切りにして展示しようという企画はいかにもアメリカらしいもので、ぜひ協力したいのですが、湿度と温度環境が大きく異なる外国で貴重な軸物を長期に公開することは、損傷の起こる可能性が高いためにお断りせざるをえません。このため、最新の高度な技術で作成した複製を提供することで御要望に応えることとなりました。

この時代、つまり江戸時代の幕開けの時代が、現代の世界帝国アメリカのまさに黎明期です。有名なメイフラワー号によるピルグリム・ファーザーズのニューイングランド入植は、これより少しあとの一六二〇年（元和六年）になります。アメリカという国は本当に若い国です。

### 日本船の太平洋横断

二年後の慶長十四年（一六〇九年）、上総《かずさ》岩和田にスペイン船が座礁し、メキシコ経由帰国途上だった前マニラ総督のドン・ロドリーゴ・デ・ビベロをはじめとする乗客・乗組員全員が救助されました。家康は彼らを手厚く扱い、面談して全乗組員と積荷を積んで帰国するために、日本が船舶を贈与することを申し出ます。ウイリアム・アダムスが幕府の船匠方と地元の船大工を動員して、伊東温泉の海岸で建造した外航船です。同時に再び太平洋貿易への参加をスペイン国王フェリペ三世へ要請する書を託します。

この日本建造の外航船は「ベナベンチュラ号」と名付けられて、翌年無事に太平洋を横断してドン・ロドリーゴをアカプルコに届けました。乗組員はそっくり遭難船の乗組員で、上級船員はスペイン人、実際に操船する下級船員はフィリピン人でした。

またこの船には家康の指示で京都の商人である田中勝介ら二十五名の日本人が同行していま す。彼らはヌエバ・エスパニア（メキシコ）の状況を調べるとともに、将来の貿易の可能性、また同地の豊富な銀の産出の状況と新しい銀の精錬法を調べるために派遣されました。そして数年後無事にフィリピン経由で日本に帰着していますが、成果がどのようなものであったかはよくわかりません。言葉の問題もあり、またスペイン側が最大の財産である銀の情報をたやすく教えるとは夢にも思えませんから、このミッションは不調に終わったものと思われます。

またまったくの余談になりますが、現在日本の外航商船隊の乗組員はほとんど外国人になっています。上級船員は日本人、欧州人、インド人など様々な国籍の人が乗っていますが、下級船員は九割近くフィリピン船員です。このため日本郵船、商船三井、川崎汽船などの大手船社は、夫々《それぞれ》フィリピンに船員教育のための大規模な船員学校を建てて、技量の高い船員養成に努めています。彼らは極めて優秀な船員たちです。四百年前からスペインのガレオン船の操船を行なってきた連中ですから、いわば筋金入りの海の男たちで、しかも温和で協調性がありま す。

さてドン・ロドリーゴ総督を無事に送り返したことで、スペインのフェリペ三世からは丁重な感謝の念とともに、精巧な置時計が送られてきました。慶長十六年（一六一一年）のことです。この時計は現在、久能山東照宮の社宝として重要文化財に指定されています（昭和三十年代に修理されましたから、現在でも動きます）。時計は立派なものでしたが、家康が受け取ったフェリペ三世の親書は期待したものではありませんでした。

フェリペ三世は、当時世界最強国の元首であり、熱烈なキリスト者であるとともに、非キリスト教国の改宗に情熱を傾けた王でしたから、彼の手紙は、日本に神の恩寵を送る喜びを述べ、日本がキリスト教を受け入れることを求めるものでした。貿易や太平洋航路への日本の参画には、まったく触れられていませんでした。失望です。

一方キリスト教新教国であるオランダとイギリスが日本に進出してきたのもこの頃でした。英国のドレーク船長が世界一周を成し遂げたのは一五八〇年のことですから、そろそろ新しい役者が極東にも進出してきた訳です。

ドン・ロドリーゴが岩和田で遭難した三ヵ月前に、平戸にオランダ船が二隻入港して国書を呈して通商を求めました。家康は二ヵ月後に許可し、平戸に商館を作ることを許しました。この素早い決断には側近のオランダ人ヤン・ヨーステンらの助言もあったのでしょう。彼はこのあと幕府とオランダ商館の交渉を仲介して働きます。イギリス商館の許可は四年後の一六一三年（慶長十八年）のことです。

同じ年一六〇九年には色々なことが起こります。マニラ市で日本人とスペイン人が対立して戦闘状態になったり、マカオで九州大名の有馬晴信所有の商船がポルトガル船に襲われて多数の死者を出し、さらに土佐沖でポルトガル船と有馬船が海戦となり、今度はポルトガル船が沈没するなど、日本の海外進出に伴って主としてポルトガル権益との摩擦が表面化してきました。幕府の許可なくポルトガル船と戦闘した有馬晴信は切腹を命ぜられ、ポルトガルには国交断絶の通告が出されました。

海外の日本人と日本商船を守るのは今も昔も日本国の責任です。家康の積極的な外交展開の一方で、海外のトラブルの頻発に幕府の困惑は強まります。今の言葉でいえば国家安全保障上の大問題として意識されたのです。しかも彼らは海外戦争が如何に困難で悲惨なものかは、身に沁みて経験したばかりです。

そしてそのことにより、あくまで布教にこだわり、最強の帝国としての過信と傲慢さのあったスペイン、ポルトガルから、新教国オランダ、イギリスへと貿易のパートナーの選手交代が急速に進められることになります。

世界最強の帝国というものは、歴史を見る限り繰り返しその傲慢さの故に無用の摩擦を生む道を歩むように思われます。

## 鎖国への道

慶長十八年（一六一三年）に幕府はキリスト教の黙認を中止して明確な禁止令を出し、京都の教会堂を撤去します。この年はイギリス国王の書簡を受け取って通商を認めた年ですが、オランダ、イギリスはキリスト教の布教は一切しないことを国王が約束しており、この新しい貿易相手二ヵ国を確保したことで、あくまで布教にこだわるスペイン・ポルトガルの旧教国に配慮を重ねる必要がなくなり、このことが幕府の禁教政策を可能にしたとも言われています。

幕府はその翌年、大坂冬の陣が起こる直前に高山右近らキリスト教徒百四十八名をマニラ、マカオに追放しました。大半が武士でした。大坂方に味方してスペイン艦隊が介入する可能性が公然と噂され、幕府の緊張が高まった時でしたから、予防の措置としての追放だったことも考えられます。

その一年半後に家康は亡くなりました。彼が夢見た積極的な外国貿易への進出は、必ずしも成功しませんでした。

家康が亡くなった時点と、その後の進展は次のようなものです。

外航船の建造は「ベナベンチュラ号」のあと、さらに一隻大型船が造られていました。支倉《はせくら》常長《つねなが》の遣欧使節を乗せて行った「サンファン・バウティスタ号」です。この船は幕府船匠方と伊豆の船大工たちが陸奥で建造した船でしたが、これを最後として西洋式の大型外航船の建造は中止されました。当時の船舶建造の技術は辛うじて手に入れたのですが、航海術は手に入りませんでしたから、自ら乗り出して行くことは不可能でした。

西欧諸国の貿易パートナーは新教国のオランダとイギリスになることがだいたい固まっていました。しかし、イギリスは元和九年（一六二三年）に平戸の商館を閉鎖して日本貿易から撤退し、結局ただ一国残ったオランダが幕末まで日本の西欧との交流の窓口となります。

ポルトガルは再々来航して貿易再開を要請しますが、外国における日本の朱印船とスペイン、ポルトガルとの紛争も続き、寛永五年にはメナム河口でスペイン艦隊に朱印船が襲われる事件が発生しました。幕府は寛永十二年（一六三五年）に日本人の海外渡航を禁じて、いわゆる鎖国体制を整えました。寛永十六年には再度来日したポルトガル船に今後の渡来の禁止を通告し、翌年来航した船を焼き討ちにする実力行使を行ないました。家康という圧倒的なカリスマが去り、幕府の存亡が最も危惧された時期でしたから、安全保障のために万全の措置が取られたと見られます。

キリスト教の禁教は、島原の乱を経てますます強化されながら、明治に入るまで続くことになります。一方、唯一残った西欧の貿易相手であるオランダには寛永二十年（一六四三年）以降、毎年世界動向の報告書（風説書）の提出を義務付けます。この報告は幕末まで続けられ、幕府にとって貴重な世界情報として活用されました。

こうして見てみると、後に「鎖国」と言われた体制の骨格部分は家康の時代に形成されたことになりますが、もし家康が、後世の人から日本を島国に封じ込めた責任者として糾弾されていると知ったならば、さぞや不満だろうと思わずにはいられません。

江戸時代の人々は日本が「鎖国」しているという意識はまったくありませんでした。オランダ商館長は毎年長崎から江戸への参府を繰り返し、朝鮮通信使の往来も将軍の代替わりのときのいわばお祭り騒ぎでした。中国との民間貿易も盛んであり、琉球の王族の江戸参府も賑やかなものでした。八代将軍吉宗以降は、西欧書物の翻訳ものも続々と入ってきていました。密貿易は厳しく取り締まられ、切支丹の禁止も厳しいものでしたが、グローバル化の進んでいる後代の私たちが感じるような閉塞感は皆無だったのです。

「鎖国」という言葉もありませんでした。「鎖国」という言葉は享和元年（一八〇一年）に蘭学者、志築《しづき》忠雄がケンペルの書いた日本誌の付録を翻訳した時に作った造語です。元禄時代に日本に滞在したケンペルはこの書物の中で、他国を侵さず、他国に侵されることもなく日本の平和と繁栄を支える体制として、この厳しい外交制限体制をおおいに褒めています。訳者の志築忠雄も『鎖国論』として出版したケンペルの翻訳に付した自分の論文での中で同様に優れた体制として記述しています。

この「鎖国」という言葉が幕末に向かって急速に人々の心のなかに「祖法」として定着し、幕府の開国方針にたいする激しい反対運動を巻き起こして、結局幕府の命取りとなったことは、なんとも皮肉なことです。

江戸時代の始まりとして、家康の治世で最も特徴的であった二点、文教政策と外交政策を書きました。その他の内政にも多くの画期的なものがありますが、省略します。

秀吉没後の家康の行動をみるときに、長年の辛抱強い律儀な男が一変して自信に満ちあふれて、自由闊達《かったつ》、奔放といえるほど伸びやかに物事を進めているような印象を受けます。秀吉が死んだときは五十七歳。七十五歳までの約二十年間に、それまでに得た人生経験と知恵のすべてを注ぎ込んで新しい平和な日本を作ることに没頭した印象です。

信長が搗《つ》き、秀吉が捏《こ》ねた餅を、上手に食べたところは確かにあります。信長が中世から続いていた古い権威を木《こ》っ端微塵《ぱみじん》に壊し、秀吉が武士と農民を完全に分離して、地方に残る独立した地侍勢力を一掃したあとに、家康が圧倒的に強い軍事力を確立して平定したわけですから、江戸の平和はこの三人の共同作品ともいえるものです。しかし家康がこの二人と決定的に違うところは、実に多くのブレーンを次々と起用して政策の決定に関与させていることです。天特に「天下」が視界の中に入ってからは、相次いで様々な人を身近に召し出しています。天海、崇伝、羅山、アダムス、元結などはすでに触れましたが、その他にも土木の天才である大久保長安、堺の豪商・茶屋四郎次郎をはじめ多くの民間人を起用しています。このことが、まったく新しい、今風に言えば民間の活力を中心とした江戸時代というものを作り出した大きな要因だと思います。

もともと家康はその勢力が拡大するたびに、次々に新しい武士を登用しています。三河武士は一番古い譜代で徳川家臣団の中核となる家臣ですが、合戦の度に、領国が広がるたびに新しい人材を得て強力な軍団を築いてきました。決して自分の子飼い、三河譜代だけを重用したわけではありません。

武田家を滅ぼしたとき、信長は徹底的な落武者狩りを命じて武田家の武士の殲滅《せんめつ》作戦を実行しました。一方家康は、わざわざ信濃滞陣をのばして、出来るだけ多くの武田家臣を召し抱えたと伝えられています。将来の敵となりうるものを殲滅しておく方が良いのか、これをまたとない人材プールと見て役立てようとするのか、二人の性格の違いがよくわかる逸話だと思います。

私の関係する団体の一つに、旧幕臣の子孫の会があります。「柳営会」といいます。武家作法の研究や武家茶会の開催、御先祖の事跡の研究などをしている会ですが、二百六十年の間に会員である多くの御家がお互いに姻戚関係をもっていたことが次々とわかって和気藹々《わきあいあい》の楽しい会になっています。その会では新しく会員になられる方には一応それぞれの「御家」の歴史をお話し頂くわけですが、元今川家臣、武田家臣、北条家臣を御先祖にもつ方が多いのには驚かされます。

もっともこのことは三河松平八代に仕えて苦しい時代にも忠節を尽くし、多くの犠牲者を出しながらひたすら「御家」を支えてきた三河譜代の武士たちにはまったく納得しかねることでした。頑固一徹、武辺一筋の三河武士であった大久保彦左衛門は憤慨のあまり次のように書いています。

「世に知行を多く採り、立身出世するには次の五条あり。

一　主君に弓を引き裏切る人間こそ知行を取、末も栄え孫子の代まで繁盛す（この場合主君

　とは旧主を指しています）

二　卑怯な振舞いを為して人に笑われた者
三　礼儀作法を良く弁え御座敷内で上手く立ち回る者
四　算盤勘定上手で代官役が身に付いた者
五　何処の馬の骨とも解らぬ者
しかし知行を求めてゆめゆめこの心持つべからず」

八代将軍の吉宗は、この一文がお好きで、書き写して家臣たちに回覧して読ませたそうです。

何時《いつ》の時代でも組織を運営していくということは難しいものです。

合併会社の場合は特にそうです。

# 第四章　最初の百年でつくられた江戸時代のかたち

霞ヶ関（『江戸名所図会』）

## 日本独自の時代

少し年号や人の名前が多い堅い話が続いてしまいました。ここからは江戸時代の仕組みや、人の心などのお話に入りたいのですが、一体どこからどう始めたら良いのか迷っています。江戸時代と簡単に一言で言いましても、これは二百六十五年にわたる長い時間の一つの国全体の話ですから、なかなか大変です。大政奉還から今日までは実に色々なことがありましたが、まだ年数では百四十年間ですから、江戸時代のほぼ半分の時間しか経っていないことになります。明治から幕府が始まったとしますと、現在は八代将軍吉宗の時代で、石原都知事のポストには大岡越前守が就いていることになります。どちらがどうだというコメントは省きます。

「真面目になるが人の衰え」

という江戸の付け句がありますから、その御指摘に従ってあまり深刻にならずにいきたいと思います。余談ですが、我が身を振り返ってみてもこれは誠に傑作な名句だと思っています。

さて長い江戸時代の最初の百年で、ハード、ソフト両面で色々なことが進んで「江戸時代のかたち」が完成しました。これはどこか外国のモデルを導入したものでもなくまったく日本独自のものです。

日本は昔から次々と外国の文明を輸入し吸収して使ってきました。古代日本は、当時世界最強の文明国であった中国からそっくり輸入して始まりました。多くの渡来人の助けを得て、都市の作り方、役所や役人の制度、律令（法律）の作り方、建築様式から文学や音楽など、すべてにわたって中国文明を取り入れることが文明開化そのものでした。そして長い年月をかけてその外国の文明を日本の実情と感性に合わせて変えていきます。仮名を作り出して、現在の仮名交じり文というものを作り出したことも素晴らしい知恵でした。中世は古代の中央王権の直轄政治が崩れ、多くの地方勢力が立ち、最終的に戦国時代で、残っていた色々な権威を壊して新しい中央集権的な日本を築く準備が進んだことはすでに書きました。

明治になると、今度は何もかも日本よりも遥かに先進的であると思われた西欧の文明を輸入し吸収することにわき目もふらずに邁進しました。そして第二次大戦後は基本的にアメリカの制度や文化をお手本として進んでいます。

その間にあって、江戸時代はまったく日本人の知恵と経験、感性で作り上げたもので、結果として日本の歴史の中で最も長く豊かで平和な社会を作り出したことになります。この時代には外国からの政治的な思想も新知識も、声高な理念も主義もありません。平和を維持する、国を豊かにして人々が毎日幸せに暮らせる世を作るという社会全体の基本合意の下で、当たり前のことが当たり前に行なわれた時代でした。

余談ですが大蔵省という役所の名前は中国の唐時代の名称で日本では大宝律令（七〇一年）で官庁の一つとして定められています。いまから千三百年前のことです。明治の政府の目指したものの一つが「王政復古」で、これは武家政治以前の姿に日本を戻そうということでしたから、この古い名前が戻ってきたわけですが、これが現在は財務省になっています。これはアメリカの同じ役所の名前を日本がそう翻訳して使ってきたもので、いわばアメリカ式に改名したということです。この同じ機能の役所を江戸時代には勘定奉行所と呼びました。これは当時の日本人がわかりやすい日本語です。ちょっと象徴的かなと思います。

まあ、名前の問題は、要は慣れの問題ですから慣れてしまえば良いわけですが、一つだけつけ加えますと、私が取締役になった時、中国人の友人たちは新しい名刺を見て「一寸《ちよつと》怖いですね」と笑いました。彼らは取締役と聞くと怖い特別検察官か、棒を持って奴隷を監督している人間を連想するそうです。無理をして妙な名前を作らずに「大番頭」と呼んでも良かったようにも思います。もっともそうなると部長さんは「番頭」で、課長さんは「手代」、それ以下は、まあ「丁稚」になります。晴れの新入社員が丁稚では一寸不味《まず》いようでもあります。

時代というものは、テレビのチャンネルを切り替えるように、パッと切り替わるものではありません。江戸時代から明治へ、昭和二十年の帝国日本から民主日本へという大きな制度・政策の変革があって、ものの呼び名が変わっても、それで社会全体が一瞬で切り替わるものではないことは当然です。人々の持っている生活感覚や、社会の基盤となる道徳や価値といったものが切り替わるのには、約五十年の経過が必要だと思います。つまり前の時代で二十歳まで教育を受けた人たちが七十歳くらいになって、まったく新しい社会の中で育った次の世代に場所を譲るまでの期間が必要です。

さらにそうした制度の変化によって表面的に変わっていく社会のもうひとつ下の層には、百年やそこいらではなかなか変わらない文化・習慣の層があって、もっと底の方には、何があっても、数百年たっても変わらない民族の遺伝子のようなものがあるだろう、というのが私の感じです。

現在から見ますと江戸時代というのは、まったくの別世界のお話のようかもしれませんが、その中に詰まっていた日本人の知恵と感性は、いまでも私たちの中にしっかりと残っているものと思ってお読みください。

## 日本列島の大改造

文禄・慶長の役の頃、日本の人口は約千二百万人と書きましたが、百年後の元禄の時代には、約三千万人と推定されています。つまり百年で二・五倍に急増したということです。世界を見ますと、このように人口が急速に伸び出すのは、だいたい近代化が始まり医学が進んできた十八世紀後半からというのが普通で、日本のように十七世紀に爆発的に伸びている国はありません。

平和の到来がもたらしたものと言ってしまえば、誠にその通りですが、少し具体的に見てみます。この百年の間に河川の治水が進んで、大量の新田開発が行なわれたことも、この人口爆発の主因の一つでした。

日本の河川というのは大陸を流れる大河に比べると距離は短いのですが、傾斜度が強く急流で、いったん大雨が降れば短時間で猛烈な水害を引き起こします（明治初期に来たドイツ人の治水技師が「日本には河はない。あるのは滝である」と言ったそうです）。ですから平和になって、各大名の領国に跨《またが》る総合的な治水工事が行なわれるまでは、河口に近い広大な沖積地の利用は困難でした。稲が実って頭《こうべ》を垂れるちょうどその頃に、毎年律儀にやってくる台風で水浸しになってしまうからです。日本は古来、豊葦原水穂乃国《とよあしはらみずほのくに》と呼ばれた国ですから、多くの河口地帯は葦の茂った湿地帯であって、田は少し高いところに作られていました。各地に今も残る棚田は古いもので、むしろああいう形の方が主力だったのです。

米一石というのは、人間一人が一年で食べる量を基準に出来たものです。ですから乱暴に逆算してみますと、この百年間で米の生産量が千二百万石から三千万石へと二・五倍になったとも推定されます。これを生み出したのが、治水工事が出来たために生まれた膨大な新しい農地と農業そのものの生産力の向上です。

幕府が始めた全国的な治水工事は、幕府直轄のもの、大名に命じて行なわせたもの、天下普請として各大名総出で行なったもの、と色々ありました。昔の教科書や歴史書を見ますと、これは徳川幕府が諸大名の弱体化を狙って苛酷な役を押し付けた強権政治そのものである、と書かれているのが普通です。しかし見方を変えて、これらは多くの大名が次の戦国時代のために大事に守ってきた軍事予備費を、民政のために転用・活用して放出させたものである、と理解する方がはるかに実際に近いのだろうと思います。

もっとも色々な御大名の御子孫の方からは、いまだに抗議を受けています。

「あれは酷かった。藩が潰れるところでした」

と言われたのは島津家の御当主です。こういう時になんと申し上げたらよいのか、いつも苦労します。

いずれにせよ、この列島大改造はまさに日本を一転させました。

## 飛躍的に向上した農業

中世から戦国時代までの村は、常に戦火に侵される危険があり、基本的に一ヵ所に集団で暮らし、堀を巡らせたり、いざという時のために逃げ込む隠れ地を持ったりしていました。農家自体も多くの名子《なご》・下人が同じ家屋に住み、彼らは家族を持つこともなく、厳しい農作業に加え一旦ことあれば戦うか雑兵として供出される人たちでした。このような農家は何時《いつ》でも武士に変わりうる存在です。それが秀吉公の兵農分離策によって、武士は専門の武士へ、農を選んだものは専業の農家となりました。武士は農地から完全に切り離された訳です。そして平和が続くことが皆に確認されるにつれて、村は強い自治性は維持しましたが、地理的には拡散して、家族単位で農地に近いところに家を持ち、それぞれが自分の生活の向上と、子々孫々のために田畑を少しでも広げて整備していくことになります。こうなると、生産性は飛躍的に向上します。

中国が国営の集団農業体制から、個々の農家の自由な農作物換金を認めた途端に、生産力が飛躍的に向上してすぐに農家の中から万元戸（年収が一万元を超える富裕層）が続出したのはつい最近のことでした。小家族の自己農地保有の体制は最強の体制です。

こうして出来てきた新しい日本農業の生産力は圧倒的に高いものでした。

一八八〇年頃（明治十三年頃で西南戦争の直後ですから、江戸末期と状況は変わっていません）の日本の米の生産量は、

一ヘクタール当たり　　二・五三　トン

これに対しそれから約八十年後（昭和四十年頃）のアジア諸国の数字は、

インド　　一ヘクタール当たり　　一・三六　トン

フィリピン　同　一・一七　トン
インドネシア　同　一・七四　トン
に過ぎませんでした。この時には日本は、
一ヘクタール当たり　四・七三　トン
に達していました。日本の米作りに懸ける情熱や勤勉性、その能力はまさに圧倒的な力を持っています。

## 都市の発達

一方、武士社会では、大名たちの大々的な配置転換が行なわれ、全国的に新しい領主が誕生しました。城は一国に一城と定められましたから、多くの地で領国の中心となる城が建設され、古い城は大改装されて新しい町作りが始まりました。その城下町に武士は集中して住むことになります。もう戦《いくさ》はないわけですから、町は恒久的な性格を持って発展します。武士は自ら生産をしない消費層です。つまり各大名の居住地に安定した消費都市が出現して、地方経済発展の拠点が定まったことになります。二百六十余の大名が居たわけですから、全国に二百六十余の町・都市が出来ました。

今日の日本の地方都市はほとんどこの頃に城下町としての基礎が築かれています。京都は千二百年の都ですから違います。北海道の都市や、横浜、神戸は新しいものですから違いますが、その他の都市はこの当時に新しい城と都市計画をもって出発したのです。二〇〇五年、二〇〇六年、二〇〇七年と多くの地方都市で築城四百年記念などの催しが行なわれていることが、当時の列島改造の証拠となります。

江戸時代に入って百年目の一七〇〇年の時点で江戸の人口はだいたい百万人に達しました。もう少し(二十年ほど)遅いという方もいますが、もっと早いといわれる方もいます。大雑把に言えば一七〇〇年で百万人、武家が五十万で、それ以外の町人が五十万です。京都と大坂はだいたい三、四十万人で、こちらは殆《ほとん》ど武家はいません。この三つの都市を合わせて「三都」と呼びました。性格的には江戸は政治の首都で武士の町、大坂は商都、京都は都であるとともに手工業都市でした。この性格は皇室が京都から東京に移られたことを除けば、現在までそれほど変わっていないようです。この他には名古屋と金沢が十万都市になっていたと思われます。

江戸の百万人というのは、恐らく当時世界最大の都市でした。ロンドンとパリはこの時点ではまだ五、六十万人だったと見られます(恐らくと書いたのは北京の人口がよくわからないからですが、この時点では明から清に国が代わった後でもあり、まだ百万人にはなっていなかったのではないかと思います)。

全人口に占める都市人口も大体この頃で十%になったと思われますが、これは世界でも断然早い記録です。都市は市場経済を発達させ、文化を育てる場です。一七〇〇年から一八〇〇年までの百年間、日本は世界で最も充実した都市化した文明を持っていたのですが、逆にいえばそれだけの都市人口を養えるだけの豊かな農業や漁業が育っていたことにもなります。

## 街道の整備と旅する人々

これらの都市を結ぶ街道も整備されました。

無論、主要な街道は古くからありました。防人《さきもり》が旅し、在原業平《ありわらのなりひら》が旅し、義経が旅をしています。そのほか無数の旅人たちの旅日記や、歌枕になった和歌の数々がありますから、日本では古くから旅が行なわれてきたのですが、残されている旅を主題とした歌を見ますと、どれも旅の苦しさ、哀しさが主題で、遠く離れた都や、愛しい「我が妹」への郷愁のものばかりのように思えます。

戦国時代の旅も大変でした。何時《いつ》、何処《どこ》で、何が起こるかわかりません。治安はまったく保障されていないのです。各国の領土の入り口には厳重に固められ厳しい改めがありました。これは各領主、各自が行なったもので通行許可基準はまったくバラバラです。余程のことがなければ、普通の人はまず旅をする気にはならなかったと思います。

江戸時代になりますと、それが一変します。

街道は整備され宿場が設けられます。宿場には旅籠《はたご》が並び、馬・駕籠《かご》を次の宿場まで提供する問屋が出来ます。関所はすべて幕府直轄（大目付が街道奉行を兼務して責任者でした）で通行税は一切ありませんし、書類がキッチリしていれば誰でも通行できました。庶民の通行には道中手形（パスポートに当たります）と関所手形（ビザに当たるものです）が必要でした。これは住んでいるところの名主さんと菩提寺の和尚さんが出すのが普通でした。街道には松並木が日陰を提供し、景色の良いところには必ず茶屋が出来ます。そこでは各地の名物が旅人たちを楽しませます。こうして旅は「苦しいもの」「哀しいもの」から、段々に庶民にとっても楽しいものになってゆきます。

幕府が出来て約百年の元禄時代に旅をしたケンペルのコメントは第一章に書きましたが、彼は「まるで自国の首都の大通りのように人が沢山《たくさん》歩いている」ことに驚嘆しました。

ちなみに十七世紀、十八世紀の欧州は細かくナニナニ伯爵領、ナントカ公爵領と分かれており（たとえばフランスという一つの国内で幾十に分かれていました）この境界を通過するたびに通行税、荷物への関税が課徴されていました（領主貴族の貴重な収入源です）。庶民たちは原則的には自分の住む領地から一生外に出ることはありませんでした。

欧州の大動脈であるライン河沿いを旅行しますと、河の岸辺や中州に中世の小さな城が次々と現れてなんとも美しい景色ですが、あのお城は通行する船舶から通行税を取るためのお城です。決して旅人の目を楽しませる観光資源として作られたものではありません。

この環境の中で、欧州域内をいかに関税の支払いを少なくしながら、安全に早く品物を輸送するか、ということを業とする専門業者が誕生しました。いろいろな輸送業者を使いながら、最適なルートを考えて手配する会社です。そのうちの何社かは現在でも国際複合輸送業者として活躍しています（難しい訳語ですが英語ではインターナショナル・フォーワーダーと呼びます）。

日本郵船は創立して百二十五年たっています。英国のナショナルキャリアーであったP&O社は創立以来百六十年を過ぎていましたが、近年デンマークの会社に買収されて消滅しました。ところがこのインターナショナル・フォーワーダーたちは創業三百年とか三百五十年とかの歴史をもって、戦争が頻発し武装集団が街道を荒らし回っていた中世のヨーロッパから、幾多の戦争の時代を乗り切って活躍しています。日本郵船や日本通運を先頭に日本勢もこの分野に入って大いに活躍していますが、この欧州の古強者たちはなかなかの強敵です。

## 熱狂的なお伊勢参りブーム

街道を行く人の中で、特徴的な人たちに触れます。

江戸時代には四回にわたって、爆発的な「お伊勢参り」の流行がありました。だいたい六十年ごとに突発的に起こったことで、とても不思議なことです。

その第一回はまだ江戸初期の慶安三年（一六五〇年）に起こりました。江戸の商人たちから始まったもので、箱根の関所をお伊勢参りのために通った人たちは、一日数十人から始まり、五、六百人になり、二千人を超える日が約三ヵ月続きました。二千人が三ヵ月ですと十八万人になります。

第二回目はそれから五十五年後の宝永二年（一七〇五年）で、京都宇治が震源地で、西は安《あ》芸《き》、阿波、東は江戸に及ぶものでした。今回は規模もはるかに大きく、伊勢松坂を通過した人は、当初一日に二、三千人だったものが、日に十万人を超えるようになり、最高は一日二十二万に達したそうです。五十日間に三百六十二万人の参詣がありました。当時の人口の約十二％と推定されます。

宝永といえば元年（一七〇四年）には浅間山が噴火し、四年（一七〇七年）には富士山が大噴火して宝永山が生まれた時代です。

三回目は六十七年後の明和八年（一七七一年）、第四回目はさらに五十九年後の文政十三年（一八三〇年）で、このときは人口の十五、六％が行ったものと思われます。現代に直せば、お盆休みに移動する人たちが、全部お伊勢様に集中したようなものです。しかも歩いて行ったのですから大変です。

なぜこのような突然のお伊勢参りが熱狂的に江戸人たちを揺り動かして、こんな途方もない旅行ブームが出現したのかよくわかりません。この突然のブーム以外の時にもお伊勢参りは誰もが一生に一度はやりたいものでしたし、お伊勢参り以外にも、善光寺参り、江戸の近くでは成田山、江ノ島の弁天様、大山詣、富士宮などの参拝行事は大変に盛んでした。森の石松が代参した金毘羅様も有名です。

## 「日本人」として目覚めるきっかけとなった参勤交代

街道を使った旅のなかで大きいものに参勤交代があります。これもあまり評判の良いものではありません。「この制度のために、各大名は経済的に大打撃を蒙った。徳川家の陰謀だ」というものです。

この制度は、行列そのものが制度ということではありません。各大名が隔年に江戸に滞在する、御正室は江戸屋敷に置いて嫡男も江戸で育てる、代がかわって将軍に継承を認められて初めて嫡子は領国に「お国入り」する、というシステム全体をいうもので、この大名の隔年の江戸出府は大名に課せられた唯一の軍役とみなされました。

莫大な費用がかかったのは、この江戸屋敷の維持費でした。松江藩の記録によりますと、藩の総支出のうち、江戸の支出は明和七年（一七七〇年）で二十七％、寛政十二年（一八〇〇年）で三十％、天保十一年（一八四〇年）で三十四％に達しています。藩政が苦しくなる中で、この江戸の経費は各大名家の台所を苦しめました。とくに譜代の大名がお役目に着いた場合（寺社奉行とか若年寄、老中などです）その費用は原則的にはその藩が全部負担することになっていましたから、江戸の費用は大変なことになります。

そうでなくとも首都の華やかでコスト高な環境での生活を支える費用は、質実剛健でいられる領国の生活よりも、はるかに割高です。これが「お国元」と「江戸家老」の対立となってストーリーが進むのは、小説やテレビドラマでお馴染みの構図ですが、いまは街道の話ですから、このことは後に回します。

参勤交代の行列は加賀百万石の前田さんのお話をうかがうと、最盛期で四千人近いものだったようです。加賀がそうなら負けてはいられない、と仙台の伊達家も薩摩の島津家も頑張ります。幕府は何回も華美にならぬように、質素にせよ、と指示を出していますが、お互いに面子で張り合うのでなかなか縮小できなかったというのが本当のようです。

四千人というのは特別で、普通は石高に合わせて百人、二、三百人から大大名で千五、六百人くらいのものだったと思います。無論これが全部武士だったのではありません。むしろ武士の数はずっと少なかったものと思います。これから一年江戸勤番になる侍の召使たち（彼らも一緒に最短でも一年間、江戸屋敷の御長屋で生活して、御主人の食事を作り、洗濯をして働きます）や、荷物を運ぶ人足など、多数の武士以外の若者たちが同道しました（江戸時代後期になって藩にお金がなくなると、荷物などは宿場の人足に運ばせましたから国元から行く人数は大幅に減りましたが、勤番の召使などは行っています）。この武士以外の人たちはだいたいが農家の出身です。

そして勤番のお侍たちも、その召使たちも、偶《たま》の非番の日には、江戸の見物に飛び出して行きました。

ある時、加賀前田家の御当主をはじめ何人かのお大名の御子孫と話をしていましたが、

「大体、前田さんのところが胡麻をすって人質を出したりするから、あんなことになったんだ」

と、今度は鉾先《ほこさき》が前田様に向かったことがありました。前田さんは悠々として、

「いや、誠に申し訳ない。なにしろウチは徳川さんに潰されるとばかり思っていたもんだから……」

と言っておられましたが、確かに正室と嫡男を江戸に置く、というのは外様大名筆頭の加賀の前田家が始められ、他の外様大名が我も我もと続かれたのが発端でした。御家安泰のためです。これが外様大名から、後に譜代にも広がって制度化されたのです（念のために言っておきますと、外様大名というのは関ヶ原の合戦で家康公の率いる東軍に参加しなかった武将たちのことです）。

余談ですが前田さんは私の日本郵船の先輩で、随分昔ですが一時期同じ部に配属されていたことがあります。

「前田！　徳川！　ちょっと来い！」と呼びつけたのは太閤様以来俺だけだ、とある副部長が言ったというのは伝説です。

この参勤交代制度は確かに各藩の財政を苦しめましたが、一方で、北から南までの武士と若者たちを巻き込んだ組織的な、官費による長い旅と江戸滞在の制度が二百数十年間続いたことは、日本の文化のあり方を大きく変えました。津軽と薩摩の武士や百姓の若者が会津と岡山の武士や百姓の若者たちと同じ大都会の空気を吸いながら、並んで浅草の観音様の前で口を開けていたり、芝居小屋の看板を眺めたり、おキャンな江戸娘を目で追っていたり、田舎モンと莫《ば》迦《か》にされながら一緒に蕎麦《そば》をすすったりしたのです。若い武士の多くは江戸で道場に通い、塾で勉強をしています。そこでまた他所《よそ》の藩から来た若者たちと友人になっていったのです。

彼らは帰国の時には少し都会風に粋になって、草紙や細工物、流行の刷り絵や簪《かんざし》をお土産にして帰って行きました。また翌年には次の若者たちが出てきます。これが二百四十年続いたのです。世間を知り見聞をひろめて視野を広くするその効果たるや、修学旅行の比ではありません。

こんなことを行なった国は世界中に日本以外にはありません。この制度を通じて日本中の人が、自分は加賀人であり熊本人であると同時に、日本人であることに目覚めていったのです。幕末に大混乱が起こらずに新体制に移行して、すぐに一つに纏《まと》まって新しい方向に向かうことが出来たのもこの下地があったからです。

参勤交代の制度を作るきっかけとなったことは、むしろ加賀前田家の偉業としてその貢献を讃えるべきものといえます。

また江戸時代の俳句になりますが、小林一茶の句に、

「ずぶ濡れの大名を見る炬燵《こたつ》かな」

というのがあります。大名行列はスケジュール厳守です（なにしろ軍役扱いですし、予算管理も徹底していますから、雨が降ろうが槍が降ろうが粛々《しゅくしゅく》と進みます）。一茶は性格から見て、大名行列に座ってお辞儀をするような人ではありませんから、ちょっと脇へ入って茶屋に逃げ込んで、炬燵に入って見ていたのだろうと思います。

お侍サンたちも大変だね、と呟《つぶや》いたものでしょう。

ちなみに日本以外の国で最初に庶民たちの旅行が始まったのはイギリスですが、鉄道が走り始めてからのことです。トーマス・クック社が始めた鉄道利用の団体旅行で一八〇〇年代の後半のことです。

## 全国的な統治と経済発展に貢献した制度の確立

ここまでは治水、新田開発、街道、城下町などについてお話ししましたが、ここからいわゆるソフト面のことに触れます。

日本中に貨幣が流通するようになったのも江戸時代になってからです。それまでは小額貨幣の「銭」（中国で鋳られた銭が大半でした）と正金・正銀制で、銭以外の少し値の張る取引の度に金・銀の目方を量り、含有量を調べる必要がありました。

全国統一と同時に幕府は金座を江戸に、銀座を京都、大坂、駿府、長崎に作り、刻印を押し奉行が署名して品質を保証した高額貨幣（小判）と、最も日用の商いに必要な中間の金・銀貨幣に刻印を押して品質を保証し大量に供給し全国に流通させました。銭も日本製の良質なものを供給して、古い中国銭を回収しました。これにより貨幣経済が全国に広がり一気に経済活動が拡大していきました。


法体系も固まります。これも平和で安定した社会を作るうえで最重要事項です。

憲法にあたるものは「法度」という形で公布されました。「武家諸法度」「禁中《きんちゅう》並《ならびに》公家諸《くげしょ》法度《はっと》」「諸子法度」や仏門各宗派に出した「法度」などです。これらは原則的に大目付から書状で相手先に送られます。

現代の民法にあたるものは公事方《くじかた》、刑法にあたるものは吟味筋《ぎんみすじ》と呼ばれました。これらは幕府直轄地には幕府法、各大名領は領主法（藩法）、幕府旗下知行地は地頭法とそれぞれの裁判権利を認めていますが、実態はすべて幕府法に準じるものでしたから、いわば全国的な法基準が出来ました。これらの法は、高札、触れ、達しなどの形でその都度公布されました。

膨大な量の裁判数に音を上げて、八代吉宗のときに過去の判例が「公事方御定書《くじがたおさだめがき》」に集成されて、いわば江戸民法大全のようなものが出来ました。いちいち前例を調べるのが大変だったためですが、以降この本は江戸の法制の基本となり幕末まで活用されます。ただしこれは一般に公開されたものではなく、幕府の内部資料にとどまっています。

裁判について江戸の例で見てみます。

武士の不行跡を取り締まるのはまったく別体系で、旗本は「目付」が、大名は「大目付」が審理を行ないました。

その他の裁判（公事）は、民事は原告の訴訟を審査して受理した場合に審理を行なうのに対し（これを出入り筋と呼びました）、刑事は職権審理主義で告訴不要で審理に入りました（これを吟味筋と呼びました）。

出入り筋はさらに「金公事」（金銭・契約関係の訴訟）と「仲間ごと」（一つの仲間内の利益配分などの訴訟）と「本公事」（上記二つ以外の民事訴訟）に分かれました。

審理は寺社奉行、勘定奉行、町奉行がそれぞれの担当部門の裁判を行ないましたが、事件の管轄が輻輳《ふくそう》したり、重要なものは現在の最高裁にあたる「評定所」で審理されました。この評定所には寺社・勘定・町奉行の三奉行、目付、若年寄（場合によっては老中）が出席して議論を尽くして判決にいたりました。

「法度」は厳しいものでしたが、その他の法の運用には、裁判にあたる奉行の裁量部分がいまよりはずっと大きかったようです。しかしその裁量はむしろ「情け」という意味での酌量が多く、悪事に対しては最後まで厳正かつ公平に行なわれたといわれます。

少しあとの時代になりますが、オランダ商館のツュンベリーは、「(日本のように)法が身分によって左右されず、一方的な意図や権力によることなく、確実に遂行されている国は(世界中に)ない」と書いています(『江戸参府随行記』)。

如何に幕府の裁判が信用されたかは、訴訟の数を見ればわかると思いますが、享保四年(一七一九年)の一年間の訴訟受理件数は四万七千件(公事は三万六千件、内金公事が三万三千件)に達し、幕府はその処理に苦慮しました。日本の裁判が審理に時間をかけ、特に民事は双方の言い分をよく聞いて調停に努めるために処理に時間がかかりすぎる傾向は、現代にも生きている伝統でしょう。

ここで悪名高い「生類憐みの令」について書きます。これは五代将軍綱吉公によって出されたものですが、当時の「法」というものを理解するうえで面白い例ですから、ちょっと説明します。この法は貞享二年(一六八五年)から宝永六年(一七〇九年)までの二十四年間に出された百三十五回の「お触れ」の総称です。そのうち犬、猫に関するもの三十三回、馬が十七回、鳥に関するものが四十回、その他四十五回で、その中には捨て子、孤児への町内の援助(養子縁組の推進など)を義務付けるものなども含まれています。

なぜこんなに何回もお触れが出たかといえば、要するに皆が無視したからです。先ほど幕府の法に全国が準じたと書きましたが、この法に関する限り将軍家お膝元の江戸以外で実際に法として執行された記録はほとんどありません（各地とも当然お触れは出していましたが、それで実際に取り締まった例はほとんどない、ということです）。

江戸でこの法によって処罰された者は二十四年間に六十九件（うち死罪は十三人）で内訳は下級武士が四十六人、町人十五人、百姓六人、寺社関係二人でした。これから見ると新井白石が後に『折たく柴の記』という彼の回顧録に書いた「このことによりて罪蒙《つみこうむ》れるもの、何十万という数をしらず」というのは大変な誇張であることがわかります。当時の江戸の町人人口は約五十三万人ですから、何十万人もが罪を蒙っては、江戸は壊滅してしまいます。

先ほど触れました吉宗公の時代の「公事方御定書」には、捨て子、孤児の援助のところだけが法令として入っているそうです。

つまり、法は原則的には極めて厳正に施行されましたが、一方には社会全体の道徳常識があって、これに則さない場合には幕府が何回「お触れ」「お達し」を出しても実効力は極めて低かったということです。今とあまり変わらないような気もします。

この生類憐みの令は、日本では評判のよくないものですが、外国人は若干違った評価をしています。アメリカのウィルズという先生は次のように書いています。

「『生類憐れみ』は綱吉が推進をはかっていたおだやかで、洗練された倫理の一部だった。動物に残酷な人は、人間に対しても同じように残酷なものである。侍は、犬でも虐殺することはできない、まして庶民を虐待するなどとんでもないことを実感した」(『1688年　バロックの世界史像』)

綱吉というのは、なかなか個性的な将軍でした。こういう見方も出来るのです。

このほかにも度量衡の統一、公文書に使われる書体(京都の門跡寺院である青蓮院の書体です)の統一などが行なわれました。いずれも全国的な統治と、経済発展には欠かせない大事なことです。

## 綺麗で豊かな上水道と下水処理

最後にひとつ付け加えます。それは江戸の町の大水道工事です。この百年で人口が僅《わず》か二千人くらいから百万人まで増えた江戸の大問題は良質の水を市街地に供給することでした。当時から江戸の町は埋め立てによって海岸側に新しい市街地を造ってきました。このため井戸を掘っても塩分の入った質の悪い水しか出ない地域が多かったのです。

最初に造られたのが神田上水で、これは現在の井の頭公園から六十六キロの長さの上水路を建設し、途中から地下に木管のパイプで市街地に給水をしました。三千六百六十二の副水路が市街地に延ばされました(この木管は両国の江戸東京博物館に陳列されています。大きくて誠に立派なものです）。

この神田上水だけでは急拡大する市街地をカバーすることが難しくなり、承応元年（一六五二年）に新たな玉川上水の建設に着工し、二年後の一六五四年に完成しました。延長八十キロの大工事で大量の上水補給が可能になりました。三角測量により、驚くほど正確に地形を読み取り、見事な上水網を江戸市中に張り巡らせたのです。

テレビなどで見る江戸の長屋には井戸があり、その周りで長屋のご夫人たちが止めどもなくお喋りをしながら野菜を洗ったりしていますが、あれが上水です。あの井戸の下には木管の副水路が通っていて、そこから汲み上げていました。

幕府はあらゆる川の水質維持に力を尽くします。慶安二年（一六四九年）には江戸近郊のすべての川辺の小屋と便所の撤去を命令し、明暦元年（一六五五年）には台所から出るゴミや、その他のあらゆる廃棄物の川への投棄を厳禁して、すべてのゴミは永代島へ廃棄することを命じました（廃棄物といってもプラスチックや化学物質があるわけではありません。すべて土に還るものばかりです）。このゴミを江戸市中から集めて永代島に廃棄する仕事は、なかなか旨味のある新しいビジネスでした。何故なら結果として造成された土地はこれらのゴミ収集業者のものとなり、造成が終わって町並みに繰り入れられる時に大きな利益を生んだからです。江戸末期の文政三年（一八二〇年）には約八十のゴミ収集・埋立地開発の業者が競ってゴミ回収にあたっていたといわれます（私には現在の誠に難しい分別ゴミの出し方よりも、回収業者が争って各家庭から集めていった江戸方式の方が、はるかに頭が良いように思えます）。

また余談になりますが、十七世紀・十八世紀を通じて江戸は世界で最も進んだ衛生管理を維持した町でした。これは江戸だけでなく日本中に当てはまることです。

ロンドン市も一六一三年に上水道の建設を行ないました。ニューリバーと呼ばれたものです。江戸が市街地は地下水路としたのに対し、ロンドンの場合は地上にパイプをおきましたが、ここにゴミが入らないように常時見張りをつける必要がありました。しかも人口増に対応できず一七五〇年には週に三日、七時間のみの給水でした。

最大の問題は水質で、糞尿が河川に混入することを禁止しなかったため、極めて劣悪な水質となっていました。

日本の場合、糞尿は上質の有機肥料として百％活用されたことは皆様ご存知の通りです。これはとても大事な肥料で、都市近郊の農家は、この肥料を頂戴するかわりに、野菜を持ってきたり、時としては現金で買い取っていきました。庶民の住む長屋ではこれは大屋さんの収入でした。一方西欧では家畜糞尿が用いられ、人間のそれは農業に使われることはありませんでしたから、結局河川に投棄されることが多かったようです。ですから、上水を取り入れる河川そのものが著しく汚染されていました。テムズ川やセーヌ川は、まさに悪臭ふんぷんたるものだったのです。

水洗便所は英国の発明でしたが、これには大量の上水の確保と下水の完備が必要です。十九世紀に入ってこのシステム作りが進みましたが、テムズ川における上水の取水口が、テムズ川への下水の放出口よりも下流に作られるという事態が起こり、しかもこの状態は数十年続きました。これは誠に恐るべき「循環」です。十九世紀半ば（つまり江戸末期から明治に入る頃です）に英国王室のアルバート公が腸チフスで亡くなられたのもこのためでした。

汚かったのはイギリスだけではありません。ヨーロッパ全体の問題です。第一章で一寸《ちょっと》触れましたフランスのヴェルサイユ宮殿は、当時欧州でも最も進んだ専制王権であるブルボン王家が三十年かけて作った大宮殿でした。最盛期は八万人から十万人の人がこの宮殿に暮らしました（少し多いような気もしますが、絶対権力を持った王のいるところは政府そのものですから、大勢の役人が一緒におり、またフランス中の貴族も一緒にいました。その夫人たち、召使たちと、その召使の召使、そのまた召使が大勢いて、この人数の連日の大宴会を支える大勢の料理人たち、そのまた下働き、護衛の兵たちと無数の馬車・馬、広大な庭園を維持する人たち、と考えるとありうる数字です）。

さて、問題なのはこの巨大な宮殿にはまったく便所の設備がなかったことです。

当時のヨーロッパの風習では、寝室には座席に丸い穴の開いた椅子があり（蓋付きです）、その座るところの下に便器（オマルです）をセットして、毎朝召使がそれを引き出して処理しました（いまの西洋式水洗便器は、その頃の椅子型手動式便器の改善版です）。問題はどう「処理」

するかです。ヴェルサイユの場合はよく知りません。

しかし何しろ八万人ですから、さぞかし大変だったろうと思います。貴族たちはともかく、召使たちは広大な庭園で適当にやっていた、と言われています。

パリ、ロンドンの下町では朝になると二階、三階の窓から溜まったオマルの中身を威勢よく通りに投げ捨てたようです（だから英国紳士は晴れの日でもかならず傘を持っていた、という説は出来すぎで違うと思います）。

戦前中国に住んでいた方のお話をうかがうと、中国もオマル式で、毎朝お婆さんがヨチヨチと出てきて、オマルの中身を通りに捨てる習慣だったと言っておられましたから、世界的に見ると日本が例外的に昔から清潔好きだったのかもしれません。

そのころ江戸市民は大川（現在の隅田川）で白魚を四つ手網で漁して「おどり」で食べていました。大変な違いです。

江戸の上水は明治に入っても使われ続けました。明治三年に外国人技師によって行なわれた水質検査では、すっかり近代化したロンドンの水道の水質よりも上であったそうです。東京で最初のビール（恵比寿ビール）もこの水で作られました。

現在でも日本人の清潔好きは世界一だと思います。先日ある新聞のコラムを見ていましたら、日本を去ることになったイギリス人が、最も懐かしく思い出すであろうものは「ウォシュレット」と「カーナビ」だろう、と書いていました。確かにヨーロッパにもアメリカにも「ウォシュレット」は何処に行ってもありません。なぜこの世紀の大発明が西欧社会に受け入れられないのか不思議ですが、生活習慣というものは一朝では変わらないものですから、まあ、そういったことなのだろうと思います。

さて、江戸最初の百年で着々とすすめられた日本大改造について述べました。まだまだ色々なことがあるのですが、次は少し視点をかえて、この最初の百年に起こった日本と世界の出来事を見ながら、だんだんに江戸の心の部分に入っていきたいと思います。

## 大火災と森林資源

江戸に初めての大火が起きたのは明暦三年（一六五七年）のことでした。二日間の大火で江戸城本丸、二の丸、天守閣をはじめ大名屋敷、旗本屋敷の大半が焼け落ち、町屋も二百町にわたって消失し、十万人以上が亡くなりました。明暦の大火とも振袖《ふりそで》火事とも呼びます。幕府は大坂、駿府などの銀座から銀三万貫を取り寄せて被災者の救済にあたり、同時に江戸の町割りを一変して火災に強い街造りを行ないました。道を広くし、萱《かや》や藁《わら》葺《ぶ》き屋根を禁じ、火除地を設け、広大な庭園を持つ大名屋敷の配置を大変更して延焼を食い止める町割りを造りました。定火消制度が出来、焼死した人々を弔う回向院《えこういん》が建設され、以降五十年ごとに大法要が営まれています。
この江戸市街再開発の費用は江戸城の天守閣再建を取り止めることで捻出しました。天下泰平の世の中であるから天守閣の再建は無用と主張して、「とんでもない」と反対する老中たちを説得したのは、三代家光公の異母弟（秀忠公唯一の庶子）であった保科《ほしな》正之《まさゆき》公でした。家光公が亡くなるにあたって遺言により十一歳の四代将軍家綱公の後見職につき、それ以降二十数年にわたり実質的に幕府の運営にあたった方です。これ以降、江戸城には天守閣は再建されませんでした。天守閣のないことが天下に幕府の意図する世を示したことになります。この保科正之公が会津松平家の始祖となった方です。すでに述べた江戸の玉川上水道建設も彼の発案で行なわれたものです。

京都にも大火災が起こりました。寛文元年（一六六一年）、延宝元年（一六七三年）の二度にわたって禁裏も全焼しました。禁裏造営も莫大な費用のかかる大工事ですが二度とも即座に再建されています。またこの時多くの寺院が被災しましたが、幕府の手によって再建されています。

一六六六年にはロンドンも大火に見舞われました。ロンドンは五日にわたって燃え続け、市街地がほとんど焼ける大惨事となりました。この大火のあと、それまで木造が大半であった市街は石造りの町並みに変わります。都市設計を行なったのは有名なクリストファー・レンです。ロンドンブリッジも木造から石橋に架け替えられました。有名な「ロンドン橋が落ちた、落ちた……」という童謡はこの時の火事を歌ったものです（当時ロンドンブリッジはテムズ川を渡る唯一の橋でした）。

ユーラシア大陸の東と西にある二つの島国、日本と英国は不思議に同じ頃に同じようなことが起こります。この首都の大火もその一つです。なぜロンドンは石造りの町並みになって、江戸や京都は木造の町並みを繰り返したのか（特に江戸はその後も何回も大火事が起こっていますからこの疑問は当然起こります）、私も不思議に思ってきました。

最近少しその訳がわかったように思います。最大の理由は当時すでに英国は森林資源がまったく枯渇してしまっていたことです。一五〇〇年代の後半から英国は新進の海運国家として世界の海に乗り出していったのですが、大型船（二層、または三層のデッキを持ち、重い大砲を何十門も搭載する大型軍艦です）を木造で建造するには一隻に樹齢百年以上の大木約二千本が必要だったと言われています。この艦隊整備のために、すでに乱伐によって激減していた森林がまったく消滅してしまったのです。この結果、一六六五年にロンドンで黒死病が大流行しました。このことは後で触れます。

現在英国の田舎をドライブしますと、灌木によって区切られたなだらかで美しい草原に羊がのどかに草を食《は》んでいる風景がいたる所に見られますが、これは十三世紀から十六世紀にかけて深い森を切り倒した結果で、現在所々にある森は近代になって再生されたものです。

一方日本には豊かな森林資源があり（幕府は正保二年［一六四五年］に諸国に山林乱伐禁止を命じています）材木の入手は大変に容易でしたから、万一火事に焼かれても再建は極めて迅速に行なわれました。石造りは時間がかかります。

現在でも日本は有数の森林国です。国土に対する森林の比率は、

日本の六十六％に対し、

アメリカ　　二十三％

西ヨーロッパ二十七％

旧ソ連　　　三十五％

と日本は断然トップです。山が急峻なこともありますが、同じような山岳地帯でもすっかり裸山になっている所の方が世界的には多いのです。現在の日本の森林はほとんどが人間の手によって何らかの手当てがなされた二次森林です。

戦国時代に乱伐された日本の森林資源は、江戸時代に再び盛り返して、以来四百年にわたって営々と守られてきた貴重なものです。しかし現在我々は「経済的合理性」のために安価な外国産木材の輸入に頼り、国内の林業は危機に瀕しています。林業が盛んでないと森林の保全にはまったく手が廻りません。手の入っていない山林は荒れて老木ばかりになり、本来の保水能力を失って栄養とミネラルに富んだ水を徐々に川に流していく能力を失います。その結果、海の豊かさも失われます。

現在日本は安くて使いやすい熱帯雨林の材木（いわゆる南洋材です）の世界一の輸入国で、フィリピン、インドネシア（ボルネオ）やアマゾンの貴重な森林を次々と切り倒して輸入しています。国内の森林比率が高いことで、日本はきちんとしているということではまったくありません。現在地球上の熱帯雨林は毎年日本の面積の半分くらいの面積が失われています。世界中の自然保護団体が必死になってこれを食い止めようとしていますが、減少は続いています。日本には大きな責任があります。

江戸にはその後再々大火事が起こりましたが、その再建の速さは驚くべきものだったようです。大店の商家は木場の材木商に常に自分の店の再建分の材木をキープしていました。しかも即座に組み立てて営業を再開できるように、設計図に合わせて切り込みその他の細工の済んだ形で保管していました。江戸末に滞在して火事を経験した外国人は、火事の後、まだ地面が熱している状況下で早くも再建が始まって、わずか数日で商家が店をあけて、何事もなかったように営業をしていると驚嘆しています。ただ商品を入れる蔵の耐火性には大変な注意を払っていたようで、一日の商いが終われば、かならず蔵に商品は戻される習慣でした（三井越後屋の場合、すべての反物は常時蔵の中にあり、客に見せる度ごとに丁稚の少年がなかから抱えて持ってきて、終われば直ぐに蔵に戻すシステムでした。大変な数の番頭、手代が常時お客の相手をしていますから、店内は戦場のようであった、と書かれています）。

江戸とロンドンの違いのもう一つの原因は気候と地震の問題です。ロンドンには地震はありません。紐育《ニューヨーク》もそうです。

まったく余談ですが、地震のない紐育では過去四十年の間に確か三回ほど大停電がありました。不夜城のような摩天楼の町が真っ暗になったのです。ごく最近のビルはおそらく最低限の自家発電装置をもっているのでしょうが、私が最初にいた頃はそんなものはありませんでしたから、五十階や八十階に住んでいる人や、ホテルの高層に滞在している人は大変でした。真っ暗な階段を上る（下る）だけで四十分も一時間もかかります。テレビはもちろん映りません。

停電の一夜が明けてから十ヵ月経ちますと大変な数の新生児の誕生になります。この子たちをブラックアウト・チルドレン（停電っ子）と呼びます。これは本当の話です。日本の少子化対策には、時々突然の大停電を起こすという秘策があると思います。

さて本題ですが、鉄筋の技術がない時代の石造建築は建物自体の重量を支えるためにどうしても開口部が少なく、窓の小さく暗い建物にならざるをえません。日本の高い湿度には向きませんし、日本人はだいたい太陽と自然の気候と一緒に暮らしている方が好きなのです（少なくとも当時はそうでした）。

石造建築（コンクリート建築も入ります）は電気による強力な照明装置と空調装置がある現

在ではとても魅力的な建物です。かえって大都会の汚れた外気と遮断され、人工的な温度・湿度と照明で暮らす方が快適な方も多くなっています。しかしそれらの機能が何らかの理由で止まったりなくなったりした時には、石の家は暗くて冷たく湿気がこもるか、一度熱したら何時《いつ》までも温度の下がらないという嫌なものです。

私が最初にロンドンに住んだのは一九五九年のことで（昨日のことのようですが、もう四十八年も前のことになりました）、当時英国はまだ第二次大戦後の耐乏生活の最中でした。半年ほど英語の個人教授を受けるということで、毎日ケンジントンの古い石造りの住宅の四階にある先生の所に通いましたが、その暗さ、床からしんしんと上ってくる底冷えにはまったく閉口したものでした。しかも夏から秋のことです。縁側に日があたり、障子を通して穏やかな光が満ちてくる明るい日本家屋の素晴らしさを痛感したものでした。

## 十七世紀から十八世紀の世界

ロンドンのお話をしたついでに、江戸時代に戻る前にもう少しその頃（十七世紀から十八世紀の始めの頃）の西欧社会のことを触れておきます。

家康の時代にあれほど世界進出に力をいれた大帝国のスペインの威光は十七世紀の後半に至って徐々に失われてきます。かわって世界に乗り出してきたのはイギリスとオランダでした。

どちらも海に面した国で、ヨーロッパの覇権を争う中原からは一寸外れた国です（一七〇〇年の段階で英国の人口は約六百万人に過ぎません。日本の五分の一です。オランダはもっと小国です）。

英国はその後、大世界帝国に育っていきますから、後で説明をしますが一六五〇年頃から一七五〇年頃までの小国オランダの活躍には目を見張るものがあります。

「世界は神様が作られたのかもしれぬが、オランダはオランダ人が作った」と自慢するこの働き者で頑固で頑健な人たちは、営々として堤防を築いて国土を開発し、素晴らしく性能の良い外航船を作って世界中に進出しました。彼らが進出しなかったのはスペインの独占航路だった太平洋横断航路だけでした。

紐育のマンハッタン島に植民地を最初に建設したのも、ニュージーランドを発見したのも彼らです（ジーランドというのはオランダの州の名前です）。彼らはアジアの本拠をバタビア（現在のジャカルタ）に置き、ここを拠点に貿易でセッセと稼ぎます。オランダが独占することとなった日本貿易の拠点を設けるために台湾にも基地を作りましたが、これは清国と戦い続けた明国の遺臣、鄭成功《ていせいこう》が大陸を追われて台湾に拠点を構えた時に撤退しています（それから三百年後に同じく大陸を追われた蔣介石が台湾に中華民国を移したのは、この鄭成功の例が頭にあったのだと思います）。

オランダの世界戦略のヘッドクォーターはアムステルダムにあり、ここに世界中の情報が集中していました。特に江戸時代の日本の情報は現在ではライデン大学にすべて保存され、近世日本史研究の貴重な宝庫となっています。

オランダ、イギリスがある意味で辺境の国だったことが、この両国の発展には大事なことでした（オランダにとっては長い間のスペインの統治から独立したことも大変に大きな要素でした）。

ヨーロッパ全体、特に中原の国々は十七世紀前半に起こった三十年戦争で大打撃を受けました。現在のドイツにあたる地方などは人口の三分の一を失っています。この時期がまた魔女狩りのピークだったことはすでに書きましたが、そのほかにも繰り返し天然痘や黒死病（ペストのことです）などの疫病が蔓延して人口の減に拍車をかけています。

この当時のヨーロッパの戦争は際限のない様相を呈しています。宗教上の対立（旧教つまり現在のカトリックと、新教つまりプロテスタントの対立）、各国の国王、貴族たちの際限ない対立、国王が支持する宗教をその領民は当然信仰すべきという原則が引き起こす問題（前王が何《いず》れの宗派にも寛容だったものが、新王はどちらかの宗派に熱烈な信仰心を持ち、結果として違う宗派の国民を激しく弾圧する、それに対し反乱が起こるとすかさず同じ宗派の他国が介入するといったようなこと）、どこか一つの国が強くなりだすと、それを引きずり落とすために宗教の違いを超えた連合が結成される、などです。

これを見ていますと、西欧の貴族制社会は、国（領土と領民）は完全に領主個人の私有物である、ということが大変に明確です。その中で王権はますます強くなり、王の宮廷に連なる貴族たちも特権を強めます。

日本の戦国時代に似ているようですが、日本のように「百姓を大切にすることが領国を強くする」「百姓を哀れむべし」といった考えはまったく出てきません。むしろ逆で、搾り取れるだけ搾り取るということに徹底していました。いくら戦争が続いても宮廷はますます華やかであり、領民の貧窮は募るばかりでした。

青木英夫氏の書かれた『西洋 くらしの文化史』という御本から引用しながら当時のヨーロッパの社会について触れます。

一六〇〇年代後半に生きたラ・ブリュイエールという貴族の書いた農民の描写は次のようなものです。

「これらの動物（農民）は、牡も牝も田畑にちらばり、あお黒く日焼けしている。夜になると彼らは巣にかえる。そこで彼らは黒パンと水と草木の根とで生きている」

農民たちは厳しい冬でも火をともすような贅沢は出来ないため、家畜小屋で家畜とともに寝て暖をとりました。家にはベッドも家具もないのが普通だったようです。

「フランスでは、人口の九割は飢え死にし、残りの一割は食いすぎて死ぬ」とナポリ大使が言ったそうですが、一六四七年のある日の宮廷のメニューは次のようなものでした。

「第一コース。ワイン、スープ二皿、羊の背肉、焼き鳥、鯉、パイ、子羊の詰め物、キャベツ、猪のハム、子牛の焼肉、七面鳥、若鶏、牛肉、鮒《ふな》。

第二コース。子羊の焼肉、無花果《いちぢく》のパイ、煎餅《せんべい》菓子、だつ魚、鹿肉、朝鮮薊《あざみ》、団子付き牛肉、酢漬け焼肉、蟹、子豚、子牛のもつ、牝牛のもつ、牝牛のひずめ、デザート」といったものです（なにやら食べては別室で吐き、また食卓に戻って食べたローマ人を思い出させます）。

ヴェルサイユ宮廷の食卓といっても、いま皆様が想像されるような多くのナイフ・フォークやグラスがキラキラとセットされた華やかなテーブルセッティングで供されていたものではありません。全部手で（指で）つかんで食べました。スープは大皿で出て、各自がスプーンを突っ込んで飲むか大皿を回して飲んだようで（いまでもよく見ますが、両側に取っ手のついた深皿は、テーブルを回して飲むための食器だったそうです）、その時はナプキンで口をつけたあとを拭《ぬぐ》うのが礼儀でした。お濃茶方式です。個人にナイフ・フォークが出されるようになったのはだいぶ後の十八世紀末から十九世紀になってからのようです。

当時のエチケットの本に、食べ残した骨を他人に投げつけてはいけないとか、指をテーブルクロスで拭いてはいけないと書いてあるそうです。今でもフィンガーボールが出ることがありますが、これも当時の名残りでしょう。

この本はあまり面白いのでもう少しだけ続けます。

当時の西欧人は貴族でもほとんど入浴はしません。男女共です。ルイ十四世もほとんど風呂には入らず、起床すると香水に浸した布で顔を拭き、侍従が捧げる薔薇水《ばらすい》かオレンジ水を手の指にちょっとかけるだけでした。歯を磨く風習もありませんでした。フランスの公子たちは月に一度歯を磨かされたそうです。これは大変に高級なことだった、と書かれています。香水が必需品だったわけです。

（ちょっとからかったような書き方をしてしまいましたが、こういう風習の違いは、気候や環境の影響が強いものです。欧州の主要都市は日本に比べて遥かに北に位置して温度は低く、湿度も一般的には低いのが通常です、一方日本は豊富な水と温泉があり、また夏場は大変に高温多湿ですから、古くから水浴や温浴の習慣がありました。スーザン・ハンレイという米国の日本学者は、これに加えて日本古来の宗教である神道が「穢《けが》れを忌《い》む」ために「身体や精神を清める」ことを大切にしていることが、日本の公衆衛生を当時の世界水準に比して著しく高いものにしたのではないか、と書いています。また十四世紀に欧州を黒死病が席巻したとき、皮膚を外気に触れさせることが病気に感染する原因と信じられていたために、それ以降上流階級の人たちは決して裸身にならなくなったともいわれています）

## 鄭成功の援助要請

さて江戸時代に戻ります。家光の時代にいわゆる鎖国体制が固まったことはすでに触れましたが、その直後にお隣の中国から援兵の派遣を要請されました。北方から侵入してきた満州族に押されて滅亡寸前の明国からの援助の要請です。第一回目は正保元年（一六四四年）で将軍は三代家光公の時代です。この時すでに満州族は北京に入城して実質的に清国は誕生し、明は生き残った皇子を奉じて逃亡政権になって南中国に細々と残っているに近い状況でした。幕府はこの要請を断りました。

さらにその二年後、明国の最後の忠臣として広州を中心に頑張っていた鄭成功から援軍の要請がきました。ご存知のように鄭成功は九州平戸に日本人を母にもって生まれた人です。幕府は再びこれを断りました。最後の要請は慶安三年（一六五〇年）にきています。このとき鄭成功はわずかに金門、厦門《アモイ》に拠って抵抗を続けている状態でしたが、幕府は三度この要請を断りました。幕府はこの経緯を諸大名に通達していますが、これは何処かの大名がこの話にのって出兵して日本を再び国際戦争に巻き込むことのないように念を押したものです。

最後まで抵抗を続けた鄭成功はそれから約十年間は大陸の片隅で一種の独立国として頑張りましたが、政権の安定期に入ってきた清国の圧力が強まり、寛文元年（一六六一年）までに本土から台湾に拠点を移しました。この時にオランダを台湾から駆逐したことはもう述べました。移った翌年に彼は亡くなりました。

家光は戦国時代を生き抜いてきた初代、二代の将軍とは違って幕府が確立してから生まれた、いわば新時代将軍の第一号です。幕府の確立と安定化に全力をあげていた時期ですから極めて正しい判断でした。国家の安定と国民の命を賭けてまで負け戦に肩入れをするのは愚の骨頂です。それより内政が重要な時期だったのです。

## 解消されていった男女の人口の差

天和三年（一六八三年）に後の三井財閥の始祖三井高利が江戸に三井両替店の支店を開設しました。江戸と京都・大坂を結ぶ為替業務をスタートしたというわけです。幕府はすぐにこの機能に注目して四年後の貞享四年（一六八七年）に幕府払方御納戸の御用達に任命しました。さらに元禄二年（一六八九年）に幕府元方御納戸御用達、元禄四年（一六九一年）には幕府御為替御用達に任命して幕府運営に民間の為替システムを取り入れていきます。三井家は日本橋に三井越後屋という市中最大の呉服商を営むと同時に、いち早く金融の世界を切り開いていったのです（三井越後屋を縮めた呼び名が「三越」です）。

この時代に、住友政友が創立した住友家は別子銅山を開発して後の住友財閥の基礎を築き、鴻池《こうのいけ》家も酒造から海運業へ、そして金融業に発展して大阪随一の商家となっています。

大丸（享保二年［一七一七年］）、白木屋（寛文二年［一六六二年］）などが次々に江戸に出店したのもこの頃です。ちなみに大丸はもともと大文字屋というお店でしたが、暖簾の家号が「丸に大」だったために、明治期になって大丸と改められたものです。まったく新しく出来た大消費地に、商・工業業の先進地域だった関西の資本が次々と進出して、日本経済をリードする新しい民間の力が社会の表面に登場してきた時代でした。近江屋、伊勢屋、丹波屋、尾張屋、三河屋など、出身地と本店所在地の名前をつけた多くの店も軒をならべました。

当時江戸で消費されるものの七十％は関西から下ってきたものでした。米、酒、醤油、油、味噌から衣料、細工物。何から何まで関西からの「下りもの」が最上級でしたから「下らないもの」は質の悪いものの代名詞となり、いまでは「あいつは実に下らん奴だ」などという使われ方の言葉になっています。

これらの関西資本の江戸店には、それぞれ本店の所在地から全店員が派遣されてきました。すべて単身赴任です（後に丁稚などの若年労働層は現地調達になり、彼らが育っていくと徐々に変わってゆきました）。

ですから初期の江戸の町はまさに男の街でした。参勤交代の武士も、その召使たちも、商店の店員も皆単身赴任者だったのです。

この環境の中で独特な江戸文化が育まれていきます。吉原を中心とした遊郭の文化です。

八代将軍吉宗公の時代から、毎年正確な人口調査が行なわれるようになりましたが、享保八年（一七二三年）の江戸町民の統計数字を見ますと男性三十万五百人に対し、女性は二十二万五千八百人で、総計は五十二万六千三百人、大体男六対女四の割合です。ですからこれより前、江戸の形成期の最初の百年はもっと男性比率が高く、七対三くらいの、ちょうどアメリカの西部開拓の町に似た男たちの町だったのでしょう。ここにいままでなかったまったく新しい江戸の文化が成長していくことになるのです。

市民の男女の差は時代が進むにつれて徐々に解消されていきます。前の数字から約百二十年たった天保年間の数字を見てみますと男性二十九万三千人、女性二十六万九千人ですから、だいぶ半数ずつに近くなっています。当時の日本人の平均余命は男性、女性とも四十歳くらいと推定されていますが、だいたい西欧の水準と同じです。一八四〇年の西欧の平均値は男性三十九歳、女性四十二歳といわれています。

# 第五章　華やぐ江戸の文化

駿河町三井呉服店（『江戸名所図会』）

## 平穏無事、天下泰平

幕府が出発して百年でやって来た華やかな元禄時代から、江戸の文明が爛熟して最も輝いた文化・文政の時代を経て幕末までの約百六十年間には色々なことが起こります。最初の百年でピークに達した人口と経済が、それ以上の拡大の余地を失って平準化し、さらに地域によっては若干の後退期に入りました。一七八〇年以降の天明期をピークとして、この時代全体に気象状況が不安定な時期に入ったことも大きな原因のように思います（これは世界的な現象でした）。この時代、少し寒くなった日本には大地震が起こり津波もあり、嵐が来たり大噴火が起こったり、大飢饉もありました。これに対して八代将軍吉宗の享保の改革や、天明の大飢饉に直面して松平定信の寛政の改革が行なわれました。そしてそこから幕末に向かって再び緩やかな上昇カーブを示します。

そのような停滞はありましたが、一方では外国の干渉もなく、平和であることが当然のことになり、人間には逆らえない天災を除けば平穏無事、天下泰平の世の中が続くことが当たり前の世界でした。人々の生きていく世の中は、中世の「憂き世」から、楽しんで暮らす「浮き世」に完全に変わったのです（一七〇〇年代の後半から徐々に外国の影が日本に迫ってきますが、一般の日本人にとっては、これは何処か遠い遠いところの話でした）。

元禄時代を生きて享保十九年（一七三四年）に八十歳で死んだ大坂の狂歌師の油煙斎貞柳《ゆえんさいていりゅう》は辞世の歌に、

「百居ても同じ浮き世に同じ花　月はまんまる雪は白たへ」

と詠んでいますが、ここには永遠に続く天下泰平への確信のようなものがあります。この時代を生きた人々の共通の感覚であったものと思われます。

## 多彩であった江戸の文壇

この時代の有名な文人がどういう生まれの人たちだったかを少し挙げてみます。

○

狂歌、狂詩（滑稽《こっけい》な漢詩）、文章家として有名な大田蜀山人《おおたしょくさんじん》（本名南畝《なんぽ》、四方赤良《よものあから》、寝惚《ねぼけ》先生とも呼ばれます）は歴とした幕臣（御家人）です。十六歳で御徒組《おかちぐみ》に出仕してから、最後は勘定方支配勘定（百俵五人扶持）を七十一歳で隠居するまで幕府の下級官僚として働き続け、そのあいだ幕府の学問吟味で主席となっています。

彼の辞世の歌は次のようなものです。

「生きすぎて七十五年食いつぶし限りしられぬ天地《あめつち》の恩」

もう一つ、死の近い病床で門人たちに残したものがあります。

「冥土より今にも迎い来たりなば九十九まで留守と断れ」

「留守と云えば又も迎いに来るならんいっそ厭《いや》じゃと断ってくれ」

最後までたいしたプロ意識だと感心します。

○国学者で『万葉集略解』を著した加藤千蔭も御家人で皆様お馴染みの江戸町奉行所与力でした。

○国学・漢学・和歌の大家だった村田春海は干鰯《ほしか》問屋に生まれ、幕府連歌師の養子になり、松平定信に愛されました。和歌では江戸有数の歌人とうたわれた人です。

○儒者・漢詩作者として名高い亀田鵬斎《ほうさい》は神田馬喰町の鼈甲《べっこう》屋の通い番頭の息子です。気風の良い人で儒俠と呼ばれて人々に愛されました。

○狂歌師で大田蜀山人と並び称された朱楽菅江《あけらかんこう》は山崎景貫という御家人で御先手組与力でした。

○柳沢信鴻《のぶとき》は米翁という号で江戸座俳句の雄でしたが、大和郡山十五万石の大大名です。

○山東京伝《さんとうきょうでん》は戯作者・浮世絵師・考証家として有名ですが、深川の質屋の息子です。

○宿屋飯盛の名前で有名な狂歌師の石川雅望《まさもち》は小伝馬町の旅籠屋《はたごや》の子で、晩年は国学の研究に没頭しました。

○小林一茶は信濃柏原村の農民の子供です。

○漢詩人で有名な柏木如亭《じょてい》は神田三河町に幕府大工棟梁《とうりょう》職の家に生まれ、三十二歳で家職を譲るまで大工棟梁でした。

○『北越雪譜《ほくえつせっぷ》』という名著で知られる鈴木牧之《ぼくし》は俳人でもありますが、越後国魚沼郡塩沢の縮《ちぢみ》仲買商の御主人でした。越後の縮緬《ちりめん》問屋の御隠居とはちょっとだけ違います。

○儒者・漢学者で名高い尾藤二洲《びとうじしゅう》は伊予国川之江の廻船問屋《かいせんどんや》の子供です。

○戯作者で『浮世床』『浮世風呂』で江戸の町民の生活を活写した式亭三馬は江戸の版木師の息子です。彼の辞世の歌は「善もせず悪も作らず死ぬる身は地蔵も誉めず閻魔叱らず」でした。

○江戸の和歌の第一人者で悠々として格調の高い秀歌を作った田安宗武《むねたけ》は八代吉宗公の次男で、徳川御三卿の一つ田安家の始祖でした。

ほんの少しの例をあげましたが、ここで言いたかったことは実に色々な人たちがこの時代の日本の文壇といいますか、文学界を支えていたことです。上は徳川御三卿や大大名から、下は農民や町人の子供たちまでが夫々《それぞれ》の才能によって大きな拍手をもって社会全体に迎えられ、夫々の時代の寵児として人気を囃《はや》されています。同じことが儒者や医師、博物学や植物学、蘭学の世界、古美術収集や発明の世界にも言うことが出来ます。また優れた匠《たくみ》たちの技に対しても惜しみない賞賛が与えられ、農業の技術改革や農村を支える思想など、農民の手によって書かれた多くの本が広く読まれるようになっていました。あらゆる階層の人々の手によって書かれた旅や人生観の随筆は数千点にのぼり、江戸研究の資料の宝庫となっています。「江戸時代は厳しい身分制度、士・農・工・商に縛られ、武士以外の階級、特に農民は（生かさぬよう殺さぬよう）という基本政策の下で呻吟《しんぎん》した」という従来からの「公式見解」とはだいぶニュアンスが違います（いまでも学校の教科書はこういう書き方をしているようです）。この新しい時代の寵児たちの才能を持て囃したのは謹厳な武家階層よりは、むしろ自由と平和と経済力を満喫していた武家以外の社会であり、豊かさを肌で感じ始めていた農村でした。

この辺が、先ほど書きました同じ頃の西欧の社会とはまったく違います。国によって多少の差はありますが、西欧の華やかな文化が宮廷と都市のごく一部の富裕層を中心に繰り広げられたのに対して、日本ではいわゆる一般大衆社会が徐々に武家文化を圧倒する勢いで日本中に文化を作り上げていったと言えます。

三都があって、人々が往来することで都会の文化は大変な速さで全国に広がっていきました。農民たちも旅や、出稼ぎなどの幅広い経験を持ち、都市近郊の農村では都会と一体化した経営で得た経済力に支えられて活発に文化活動に加わりました。近郷の大地主として都会の土地を次々と購入して多数の借家を経営する人たち、商人の資本力と組んで広大な新田開発にあたる大農業者など、全国に広がった富裕な農民たちはあらゆる文化の一大スポンサーとなったのです（新田開発の場合、年貢は三十年は免除されるのが通例でしたから、開発へのインセンティヴは強烈でした）。

江戸芝居も上方の浄瑠璃《じょうるり》も大相撲も、江戸・大坂などの拠点をはなれて行なう地方巡業が大きな収入源でした。

現在、川柳と呼ばれる新しい滑稽《こっけい》文学のジャンルが誕生したのも十八世紀中頃です。この名前は柄井《からい》川柳という前句付け（点者があらかじめ出した下の句―七・七―の「題」に対して上の句―五・七・五―をつけるものです）の点者（公募した句の優劣を判定する選者のことです）の名前からきたものです。この市中で大評判の公募には常に数万点の応募があったと言われていますから、江戸の人々、老若男女、大商人から長屋の大家さん、熊さん、八つぁんたちまでが如何にこれを楽しんだかがわかります。江戸中期以降は俳句をたしなむことは江戸人の常識で、夫々がなんとか世間を唸らせようとして蘊蓄《うんちく》を傾けてせっせと応募したものです。

この川柳の選んだ秀句を集めて発行されたのが有名な『誹風柳多留』で明和二年（一七六五年）に発行されて爆発的な人気を得ました。江戸川柳といえば「役人の子はニギニギ」の句が大変有名ですが、これはちょっと理屈の勝ちすぎた品のない句だと思います。

「子を放る真似をしてゆく橋の上」
「男の子裸にするとつかまらず」
（どちらも弾けるような子供の笑い声が聞こえてくるようです）

「女房はそばから医者へ言いつける」
「おそろしきものの喰いたき雪の空」
（おそろしきものとはふぐのことです）
「医者衆は辞世を褒めて立たれけり」

この『誹風柳多留』に先立って『武玉川《むたまがわ》』という本が出ています。初版が寛延三年（一七五〇年）、大人気の長いシリーズで十八巻出ています。こちらは川柳の前句付け（五・七・五）だけでなく、後句付け（下の句、七・七を独立させたもの）も沢山入っていて、これがなかなかの傑作です。五・七・五よりたった三文字少ないだけですが、一節であるだけに、説明を省略してズバッとなりますから、私は大好きです。さきに御紹介しました「真面目になるが人の衰え」もその一句ですが、他にも傑作が沢山あります。

「畳《たた》んだものの見えぬ独身《ひとりみ》」
「辷《すべ》ったときに悪心はなし」
「人の命を医者の手習い」
「云い込められて動く唇」
「おりおり損をするも養生」

「寂しい時に蔵を眺める」

楽しいのでもう少し御紹介します。

「酒屋の数を飲んだ巡礼」

「置きどころなき暮れの大名」

（大掃除の邪魔になるだけだろう、と江戸っ子は想像します）

「三夫婦有りておもしろきうち」

「禁酒をすると憎くなるひと」

「舟の戻りのみんなひと塩」

「はねつけられて口笛をふく」

「肩へかけると活きる手拭《てぬぐい》」

「他人の目から知れる一生」

「居所を聞いて親のため息」

人間というものはたかだか数百年ではまったく変わらないということがよくわかります。それにしてもこの十八世紀のまんなかで、世界一の大都会の人々が、挙げて人生の機微とその可笑しさ、哀しさを滑稽詩に活写することに熱中したというのは、まったく驚くべきことだと思います。

この奇跡のような天下泰平の時代を支えた仕組みについて少しお話しします。

## 小さい政府と大きな民間の力

江戸時代の政府（幕府）は近代の政府に比べると小さな政府でした。武家階級の人口は、江戸時代を通じて総人口の大体五％から七％で推移していますが、幕府も各大名も多くの武士を役職から外して俸給を三割から五割削減する人件費圧縮の政策を採っていましたから、実際に行政・司法・警備などで働いていた武士階級は人口の二％から四％だったと思われます（幕府でいえばいわゆる「寄合」「小普請組」配属で、ここに配属されると何も仕事はない代わりに、俸禄の何割かをお上にお返しすることになります。軍人が予備役に編入されて俸給が半分になるのと同じことです）。

百万都市の江戸を治める江戸町奉行所の定員は三百名弱で、この人数で現在の都庁と各区役所の業務、警視庁、消防庁、東京地裁や高裁の仕事までをこなしました（百万都市といっても実際に町奉行所が担当したのは町民地域ですから、大体五十二、三万人が守備範囲ですが、物理的には町全体を管理したということですから必ずしも町人地域だけとは限りません）。もっともこの人数で細かい行政事務が出来るはずはありませんので、実務部分の多くは民間に委託されました。日本各地にある幕府天領からの年貢収入は中央政府である幕府の最大の収入源泉です。各天領に散った代官はだいたい一つの代官所で五万石から十万石の土地の行政と税務を担当しましたが、その代官所の定員はわずかに三十名と一寸《ちょっと》でした。実際の仕事はやはり民間である村役人にお任せでした（代官といえばテレビでは悪役と決まっているようですが、この地方行政のプロには立派な人が多く、各地に神として祀られています）。

江戸時代二百六十五年間を通じ大名たちは一切幕府に上納する税はありません。その代わり幕府から各大名に対する援助も原則ナシです。原則と言いましたのは、飢饉や大凶作の時には幕府は援助金を貸し付けたり、参勤交代の義務の免除などの救済措置を取っているのです（この救済貸付金はだいたい返ってこないのが普通でした）。

定期的に中央政府に税金を納めるシステムはありませんでしたが、大名は「役」を行なわねばなりませんでした。譜代であれば色々な幕府の要職に就くことが多々あり（老中、若年寄、大目付、寺社奉行などなどです）、一方、外様大名には河川の改修や橋の架け替え、城郭の修理などがあります。これらの経費は命令された各大名持ちです。江戸の後半期に入りますと諸外国の圧力が強まり、蝦夷地や樺太、各地の海岸を防備する「海防」の大仕事が出てきましたが、これも原則命令された各藩（外様大名も含みます）の負担です。

現在のように、国税を全国から集めて、地方交付金を各地に配布してコントロールを行なう強い中央集権体制とはまったく異なる体制だったのです。

幕府も各藩も、基本的に米の年貢だけに頼る収入で年々拡大する巨大な経済社会に対応することを迫られましたから、年を経過するに従って財政上の困難は増加する一方でした。


高い民間委託度と幕府・藩の財政悪化は一方では次のような効果をもたらしました。

一つは村や町の自治能力の向上と子弟に対する教育の強化です。

農村の年貢徴収は村単位で行なわれ、実務は村役人である名主・庄屋層がすべて代行しました。検地の結果村全体で五百石の生産高と認定されれば、その三十五％か四十％を村として収めればいいので、村の中の太郎さんが幾ら、次郎さんが幾ら、ということは幕府や藩にとってはまったく関係のないことでした。これを「村請け制」と呼びます。

農業にもっとも大切な水利の調整、新田の開発、田畑の耕作者がいなくなった時にどうするか、土地所有権の争い、隣村との入会権《いりあいけん》の調整、分家の成立などなど、すべての実質的な行政問題は村役人と主だった村人たちの合議制で解決していきました。隣村との外交交渉も同じです。問題がよほど手に余り、自主解決がどうにも不可能になって初めて代官なり各藩の郡奉行に介入を要請し調停を求めることとなります。

農村の年貢はすべて米生産量に換算して行なわれましたから、季節の出稼ぎや、野菜栽培や販売による現金収入などは原則的には年貢の対象外でした。農村の経済力が徐々に向上していった背景にはこの徴税方式もありました。

町の行政も同じことで、実質すべてのことは町役人が行ないました（「ちょうやくにん」と読みます。これは名主たち町民の役人です。一方これを「まちやくにん」と読みますと町奉行所の武士の役人のことになります）。

江戸と大坂という二つの幕府直轄都市は年貢が免除されていました。税金ナシの都会です。ただし町を維持する直接費用は町に住む全員で負担しました。台風で流れた橋の架け替え（これには幕府が負担するものと町民が負担するものと二種類ありました。現在の国道にあたるものは国が、県道や市道にあたるものは県や市が責任を持つのと同じです）、上水道の補修、川浚《かわさら》いなどの「公役《くやく》」と呼ばれる公的なものから、名主など町役人の実費用（人件費ではありません）、各町にある火《ひ》の見櫓《みやぐら》の補修や町々のお祭りの費用、木戸番の小遣いや、番屋の畳の修理、町火消しの法被《はっぴ》と襦袢《じゆばん》代など様々なもの、現在でいえば町内会費で賄《まかな》うようなものも含められて課徴されたのが「町入用」でした。この事務はすべて名主たち町役人の仕事だったのです（公役は本来町人自身が労働者として参加すべき労役の一種でしたが、早い時期から必要な労務者の賃金相当分を金納して済ませる方法に変わったものです）。

「町入用」は原則的にはそれぞれの町屋が面している「通り」の質と長さによって課徴されていました。例えば一日千両の商いがあるといわれた日本橋の大通り（越後屋や木屋などの大商店が軒を並べていた江戸きってのメインストリートです）が京間五間で課徴される金額が、それより商いの小さな通りでは京間十間で課徴され、もっと貧しい町並みでは二十間で負担するというようなやり方でした。現在の路線価格による固定資産税のやり方に一寸似ています。しかし額的には当然ながら今日の税金とは比べ物にならないほど小額なものでした。

こういった行政実務、町入用の計算・徴収業務。土地の売買の立会いや売買の正当性の確認、戸籍や地権の整理、確認などに加えて、幕府の出すお触れやお達しなどの伝達、その実施の手順の策定、またそういった末端の行政のすべてのことの記録の作成と保管などは町役人の仕事でした。

いろいろな争いごとも町奉行所に出る前に、まず町役人による調停が先で、これがどうにも駄目な場合に初めて奉行所が受け付けるシステムでしたから、町の名主の仕事も膨大なものであったことになります。

つまり町・村いずれにしても、江戸時代の最初から実質的な行政役はほとんど全部民間が行なったことになります。人数のすくない幕府にはとても現在のような細部にわたる行政を司る能力も、やる気もありませんでした。国家の基本のところは幕府がキッチリと押さえますが、細かいことは最初にルールさえしっかりと作れば、あとは直接関係者がやる方が、結果としてはるかに上手くいくことをよく理解していたのです。

このため実質的行政を任された村役人、町役人の事務所では高い計算能力と書類作成能力をもつ有能な人材が多数必要でその育成が不可欠でした。このことは都会だけでなく、全国の村々でも武士以外の人材の教育の必要性と教育への熱意を向上させたものと見られます。

英国人と話して、十九世紀初頭の段階で日本の識字率が同時期の英国を上回っていたと見られることに触れた際に、彼は、

「それは極めてありうる話だ。おそらく当時の日本は教育によって社会で上昇できる可能性がある世界だったのだろう。そうでなければ親は子供を学校にはやらないで、家事労働や畑仕事、父親の仕事の手伝いに幼い時から使ってしまう。その方が合理的だからだ。英国は階級制度が厳しく仮に教育があっても下層階級が上昇することは一般的には極めて難しい例外的なことだった。だから庶民は教育は金の無駄遣いと感じていた。これは二十世紀に入るまでは変わらなかった」

と言いました。ちなみに、ちょうど明治維新の頃に英国の中等教育制度が固まってきて、有名な上流階級向けのパブリックスクールが沢山《たくさん》設立されますが、この中等教育の対象となったのはその年代の若者のわずか一、二%の上流階級の子弟に過ぎませんでした。

もう一つの効果は、各藩が藩内の殖産に必死の力を注いだことです。田畑の拡大が頭打ちになると、領内を富ませるためには他の領国や江戸・大坂などの巨大消費地に「輸出」できる産品の開発しか道はありませんでした。特に一七〇〇年代の後半に異常気象に見舞われて農業生産が低迷してからは、日本中の大名たちがその土地の名産品・特産品の開発に知恵を絞りまし

た。漆器、織物、蠟燭《ろうそく》、塩、酒、染料、陶器、手工業品、干物、果物、菓子などなど、現在の日本で有名な名産品はだいたい江戸時代の先人たちが知恵を絞って開発したり、他国から技術を盗んだりして出来たものです。

参勤交代で江戸にいる間、殿様たちは決まった日には登城し、それぞれの指定された部屋に詰めていましたが、そこでも多くの情報交換が行なわれたようです。原則的にはおおらかな人たちですから、隠すこともなく自国の名産品の話や、その収益力の情報も披露されました。また、松平定信が老中として天明の飢饉とその後遺症と闘いながら寛政の改革を推進していた当時、多くの大名が彼の屋敷に定期的に集まって、領国経営の研究会を夜中まで開いていた記録もあります。殿様たちも大変でした。

## 武士たちの苦悩

ここで気をつけないといけないのは、幕府・各藩の経済と、武士個々人の経済の違いです。藩は特産品の開発が出来れば、それに携わる商人から一定の上納金を得たり、時によってはその特産品を藩が全部買い上げて、他国への販売は藩が独占して、いわば「商社」として販売して利潤を上げる専売制などで経済を維持しようとしました。しかし、武士個人の収入源は先祖伝来の知行であることは最後まで変わりませんでした。

五百石取りの武士というのは、五百石の米を生産する自分の知行（土地）から得る年貢で生活する武士ということですから、実際は自分の知行地から五百石の三十五％か四十％の米を年貢として得て、そこから自分の家で消費する分を差し引いた残りを市場で売却して現金収入を得て生活するということです。「知行取り」の武士は比較的高禄の武士たちです。

一方下級武士たちは自分の支配地は持たず、幕府・藩から直接米の支給を受けました。これを「蔵米取り」の武士と呼びます。

大田蜀山人の「百俵五人扶持」というのは、百俵の米を春に四分の一（二十五俵）を春借米として、夏に四分の一（二十五俵）を夏借米として、収穫の済んだ冬に残りの五十表を冬切米として現物支給を受け、それに加えて扶持米（一人当たり一日五合ですから一ヵ月に一斗五升です）五人分を、これは毎月受け取って生計を立てたということです。米の現物支給は浅草にある幕府の米蔵で支給されました（蔵前の国技館があったところがその場所です）。

支給日に多数の武士たちが殺到することになりますが、実際には「札差《ふださし》」と呼ばれる代行業者がいました。彼らが各武家の現物で必要な分を除いて米問屋に売却し、現金で武士たちに手渡す方法が一般的でした。この札差は金融業も兼ねており、生活の苦しくなった武士たちに米の支給を担保に融資しましたから、武士たちは数年先の支給米まで担保にして借金を重ねることになります。確かな担保物件でしたから、ほとんどリスクのない商売で、札差たちは大きな利益をあげていきました（そして明治に入って米の現物支給から現金による月給制度にかわるにつれて、この豪商たちはほとんどが倒産しました）。

江戸時代の初期には「米」は生活と経済の中心的なものでしたが、貨幣経済が急激に発展していけば、米以外の数多くの商品や奢侈《しゃし》品の生産・消費が経済の中心となりますから、GDPに占める米の比率は急激に小さくなります。武士は最後までそのパイの縮小する「米」に収入源を頼りましたから、時代を経るにしたがって相対的に貧乏になることは避けられません。ゆるぎない武士の誇りをもちながら、組屋敷に帰ればせっせと内職に精を出す武士たちの姿には、同情を禁じえないものがあります。

経済力は低いけれど教育水準が高い知識階級で、武士のモラルという特殊な道徳観念に従う武士階級が社会の上部構造を作り、その下には洗練された経済社会・市民社会がある、という江戸時代の日本の社会構造は本当にユニークなものです。この構造が江戸社会を単なる拝金主義的な、経済一本の社会とは一味も二味も違った独特な社会にしました。

## 武士は土地を私有しなかった

誠にユニークな点の一つは、「武士は土地を所有しなかった」ことでした。

天保六年（一八三五年）に御側役《おそばやく》五島伊賀守と奥右筆《おくゆうひつ》大沢弥三郎の両名が、町人名義で町屋を所有して、町人に貸し付けたのは「不届き」であるということで免職・謹慎・所有の土地の没収という罰を受けています。

「エッ？　どうしていけないの？」とお考えになるでしょうが「武士は土地を所有しない」というのは江戸時代を通じての常識でした。

武士が住むのは幕府や殿様から拝借している土地・屋敷であり個人が所有しているものではありません（この拝借している土地の一部を町人に貸すことは「お目こぼし」で黙認されていました）。

武士が知行地としている農村の土地は村人たちが所有権を持っている土地で、武士の持っているのは年貢の徴収権だけです。

では大名たちはどうだったのでしょうか。

大名の配置替えは江戸時代を通じて頻繁に行なわれました。国持ち大名、または国主と呼ばれた外様大名たち、加賀の前田家、薩摩の島津家、陸奥の伊達家、肥後の細川家などは動きませんが、譜代の大名たちは頻繁に動きます。老中に就任するのに遠地では不便である、とか仕置き（政治）が良くないから石高を減らして転封する、とか理由は色々ありました。そのたびに家臣団は殿様と一緒に移転します。これを「譜代の悲しみ」と書いたものもあります。当然のことながら民間人は一人も動きません。農民はその土地に残るものでした。

藤堂高虎《とうどうたかとら》は「我等は一時の国主、田畑においては公儀のもの」と書いていますから、この

「土地は公儀のもの。百姓は公儀の百姓」という概念は戦国時代からあったものです。

では「公儀」とは何だったのでしょうか。

「公儀」という概念は抽象的な意味での国家そのもの、国家としての政治機構を漠然と意味するものであって、どの個人をも指すものではありません。ですから幕府という国家機構は「公儀」ですが、将軍個人は「公方」ではあっても「公儀」ではありません。「公儀」というものは長い歴史の中で日本人全体に合意された「国家」「公のもの」という概念でした（公義と聞くとすぐに「公義隠密」という言葉を連想される方は講談本の読みすぎです）。

日本人は、武家であろうと農民であろうと、すべてその「公儀」の一員として「役」を平等に果たす義務がある、その意味ではまったく平等である、という概念は、長いあいだ日本社会の基本的な合意事項でした。それぞれの「役」とは次のようなものだったと思われます。

○ 天皇は国を統治する君主として高い道徳と教育を持ち、最も大切な「善」と「仁」の心を象徴するという「役」を持つ。
○ 将軍は国内の平和維持と、外国に対して国家防衛の「役」を果たす。
○ 大名は夫々の領地の平和を維持し、要請に応じて幕府に軍役、その他の役を提供するという役を持つ。
○ 武士は幕府・大名に仕え石高に応じて軍事力を提供し、与えられた役職を果たす役を持つ。また武士階級は全体として社会の師表としての役を果たす。

○　百姓は全国の民を養う食料を生産し、定められた年貢を納め、村落共同体を維持するための行政職を提供する役を負う。

○　町人（商・工）は国民の生活に必要な品をつくり流通させると共に、町の運営に必要な行政職を提供する役を負う。

こうした「役」を人々の代表として果たす人が「役人」です。ですから「役人」は町人でも農民でも良かったのです。

こうして出来上がった江戸社会を、幕末に来日した外国人たちは次のように書いています。外交官として来日し、日本研究家として随一と言われたチェンバレンは次のように書いています。

「日本には貧乏人は存在するが、貧困なるものは存在しない」

「金持ちは高ぶらず、貧乏人も卑下しない。本物の平等精神、我々は皆同じ人間だと心底から信じる心が、社会の隅々まで浸透しているのである」

同じく幕末に長崎に滞在して医術を教えるとともに、日本の植物収集に力をいれたシーボルトは、

「日本ではヨーロッパよりもなお一層厳しい格式をもって隔てられてはいるが、彼らは同胞と

して相互の尊厳と好意によって、更に固く結ばれている」と書いています。流石《さすが》にこの二人は日本をよく理解していたと思います。

さて武士たちの話に戻ります。

最近は経済至上主義社会に対する反動なのか、「武士道」に関する本が大変に目立ちます。本屋の棚には数十冊の「武士道」ものが並ぶ盛況ですから、武士の精神論に入ると大変です。ここでは江戸初期の儒者であり軍学者だった山鹿素行《やまがそこう》の一文だけを御紹介します。

彼は「農は耕し、工は造り、商は交易に従事し、夫々額に汗して働く」のに対し、「武士は不耕、不造、不沽の士」であるから、何も自覚しなければ「遊民、賊民」であると断言します。そして武士は自らの職分を自覚することが不可欠であるが、その武士の職分は「人倫の道の保持」であるとして、

「(武士の道は) 主人を得て奉公の忠を尽くし、朋友と交わりて信を厚く、身を謹んで義を専《もっぱ》らとするにあり。農工商はその職務に暇《いとま》あらざるをもって其の道を尽くし得ず。士は農工商の業を差し置いてこの道を専ら勤め、三民 (農工商) の間聊《いささ》かも人倫をみだらん輩《やから》を速やかに罰し以って天下に天倫の正しきを待つ (のが武士の役目である)」と結論しています。

彼には若干儒教原理主義のような過激なところがあると思いますが、大筋において武士たちが感覚として持っていたものを表していると思います。

さて、そこまで理解したうえで、最初に書きました御側役の五島伊賀守と奥右筆の大沢弥三郎のケースを見てみます。

まず法的に考えますすと、彼らは町人に割り当てられ一義的に町人が行政権を持つ町屋地域の土地家屋を町人名義で購入して保有したのですから、当然のことながら町人である町役人（名主）の支配下に入らざるをえない状態になります。これは江戸時代の根幹である身分制度の崩壊に繋がる「武士にあるまじき不届きな」行為であると認定されても仕方のないことでした。ましてや御側役と奥右筆といえば幕府の中枢で公方たる将軍の側近中の側近である重職です（この事件がずっと下級の武士が起こしたことならば、刑はもう少し穏やかなものだっただろうと思います）。

第二に、そういった理屈のまえに、三民（農・工・商）の師表たるべき武士、それも政府の中枢にある武士が「金銭的利益」のために武士のルールを破ることとの道義的責任が重く見られたものと思われます。「不耕・不造・不沽」である武士の道義的責任は実に重いものでした。

会津藩に日新館という藩校があります。そこに入学してすぐに論語の素読などと一緒に暗唱する「童子訓」というものがあります（いまで言うと八、九歳の子供の教科書です）。その一節に次のような文があります。

「人の隠し事を聞き出し或は窺ひ見るべからず。（略）朋友は善を責るとて、意見を云ふは人の道なれども、故なく人の過去を云ふべからず。古き過失は尚更なり。戯言《たはぶれごと》をもて人の笑を催し、軽浮の容色すべからず。財利の咄、価の高下、色欲のはなしすべからず。吾好む事にはすみやかに進み、好まざることには厭倦《いとひうん》で少間《しばらく》も耐《たへ》ず、是等の事つつしみ、戒むべし」

武士はお金の話や、高い・安いなどということは口に出してはいけませんでした。食わねど高楊枝《たかようじ》です。子孫に美田は残さず、というのは比喩ではなく現実そのものでした。

武士の教育は武士たる人格の形成が目的でした。知識の多少を問うものではありません。「利」を追うようなことは「卑しいこと」として扱われました。「うちは金持ちだ。貧乏だ。これは安物だ。これは高い上等なものだ」ということは一切口に出してはいけない、考えてもいけないと厳しく教えているのです。幕府の中枢の武士がこの大原則に反したわけですから、これはまさに「不届き」だったのです。

武士であるということは大変なことでした。しかし（何回も書きますが）この大変な武士たちがきっちりと社会の上部構造として存在し、利益追求だけが社会のルールではない世界を作っていたことが江戸時代を一つの特異な文明社会として輝くものにしていたのだと思います。

論語の次のような言葉があります。

「君子は義に諭《さと》り、小人は利に諭る」

多くの武士たちはこの言葉に殉じてゆきました。中国・朝鮮国はともに儒教を国教とした国ですが、その実践においては日本の武士が最も忠実に清廉潔白を貫いたと思います。

西洋の貴族たちの土地や資産に対する考えは、これとはまったく違いました。彼らは近代へ移行するなかで、あくまで貴族の領地は貴族個人の所有物であると頑張りました。

一九〇〇年ですから明治三十三年の記録ですが、英国の国土の四十一・二％は千六百八十八家族の貴族の私有地でした。大土地所有者であることは権威と財力の象徴でした。彼らはそれぞれ爵位を持ち、英国の貴族院議員として国家経営に大きな発言力を持ち続けました。先ほどの英国人の発言に見られるように、英国が色々な意味で平等な社会になってきたのはつい最近のことです（未だ平等社会ではない、という人も沢山います）。

ドイツでもこの頃ユンカーと呼ばれる地方貴族が土地の大きな部分を私有していました。これが崩れたのは第一次大戦の敗戦からです。

日本でも第二次大戦後の「農地解放」が行なわれる以前には各地に大地主がいて、それぞれの地方の殖産や文化の発展に中核的な働きをしましたが、彼らは江戸時代からの豪農でした。武士の出身者はいませんでした（北海道開拓には多数の元武士が参加しましたから、ここはちょっと違います）。

日本のシステムと西欧のシステムは一見似ているところが沢山ありますが、根本的に異なっていたのです。外国人が日本を不思議な国と思うのも無理はない話です。

## 教育の基本は人格

このような武士の性格を形作ってきたのが武士の教育システムでした。武士にとっての必須なものは文武両道で、文と武を兼ね備えることが必要でした。その文の部分は基本的に儒教、特に宋の時代に新しい儒学として完成された朱子学に基づいて学ばれました。

家康自体は、儒学に深い理解と関心をもっていましたが、儒学一辺倒ではありません。周囲においた知識人は僧が中心であり、特に幕府の学問はかくあるべきと定めてはいません。

また江戸時代初期の認識としては「学問」は政治の中枢に位置する将軍、大名や、高禄の武士たち、つまり当時のエリートにとっては必須なものでしたが、微禄な下級武士にまで高い水準の教育は求められてはいませんでした。むしろ武人であることの方が重要だった時代です。

それが儒学中心となってきたのは三代家光、四代家綱とその後見の保科正之の時代を経て、五代の綱吉の時代になります。この六、七十年の時期を通じて幕府は「武断政治」から「文治の政治体制」に大きく舵を切り、先に述べましたように武士階級は禄の多寡に拘《かか》わらず三民（農・工・商）の師表として立つことが求められるようになりました。林羅山の私塾であった上野忍岡《しのぶがおか》の孔子廟と学舎は、綱吉の手によって江戸城北の相生橋《あいおいばし》に移転します（元禄三年［一六九〇年］）。この壮大な霊廟と学舎が、いまも御茶ノ水駅からよく見える深い森の中に残る湯島聖堂です。そしてここに昌平黌《しょうへいこう》（昌平坂学問所）が建設され、幕府直轄の学問所として、各地の藩校から英才を受け入れる最高学府となってゆきました。

この聖堂に入った最初の門である仰高門《ぎょうこうもん》の脇に建てられた学舎では享保二年（一七一七年）から明治維新まで百七十年にわたって毎日、現在の時間にすると午前十時頃から正午頃まで、公開講座が開かれました。誰でも参加できたもので、勤番の武士をはじめ町民・農民や地方の学生、女性も含めて多くの人が連日参加して、儒教のいわば入門編を学んでいます。

この伝統は今日まで続いています。現在、湯島聖堂は財団法人斯文会によって保存・運営されていますが、ここでは論語・孟子・易学・漢詩・漢文などの講座が開かれ、多くの方々が学んでおられます。いまでも仰高門の傍らの教室です。私事で恐縮ですが、私共の徳川記念財団もこの教室で「古文書講座―徳川宗家文書を読む」を行なっています。東大史料編纂所の先生方に講師をお願いしています。御縁というのは本当に不思議なものです。

地方の各藩も学問の振興に努力を傾注します。最初は各大名の援助を受けた儒者の私塾が中心でしたが、十八世紀後半になると各藩直営の藩校が続々と誕生して、この藩校に通うことが武家の子弟には義務付けられます。義務教育のスタートです。この時代から武士の生活はますます苦しくなってきますが、それに比例するように教育が盛んになっていったのは興味深い現象です。

各藩の学問に関しては、朱子学を中心に行なうという幕府の基本方針を踏まえながらも、それぞれ独自の教育方針で藩校を運営してゆきました。しかし概して言えば、次のような共通点が見られます。学問の開始は七歳から八歳（数えですから現在の五歳から七歳です）が普通で、論語素読から入って大学・論語・中庸と順に四書五教の学問を進める一方で剣術・槍術・馬術・水練・鉄砲などの武術が必須科目として行なわれました。

面白いのは石高の高いもの、家を継ぐ長男であるものにはより高い目標が与えられる傾向が多くの藩校で見られることで、いわばエリートを育成する学校という性格が明らかです、普通藩士は二十歳くらいで藩校を出ることになりますが、これらの人たちは三十歳、藩によっては四十歳まで学ぶことが求められたケースもあります。この性格は明治以降の官立の高等学校、帝国大学に引き継がれて国の運営に当たるエリートの育成が行なわれてゆくことになります。

幕府は昌平坂学問所の他に、天領である各地にも学校を建てます。甲府に徽典館《きてんかん》、駿府に明新館、佐渡の国修館、長崎の明倫堂などです。また江戸に洋学の研究教育機関として開成所を、西洋医学研究のための医学所をつくり、これらが明治にいたって東京帝国大学へと移行してゆきました。また幕末には中・仏・蘭・英・露の語学教授を行なう語学所も出来、開成所の一部とあわせて後の外語大学へと発展しました。

若干繰り返しになりますが、武士たちの教育の基本は人格教育でした。現在のような知識教育ではありません。のちの人生で必要となる知識は、必要になったときに必死に勉強すれば得ることが出来る、しかし立派な人格をつくる教育は幼い内から徹底的に教えなければ血肉とならない、と考えられたからです。
また会津藩になりますが、会津藩士の子弟は藩校日新館に入る以前から毎日「お遊び」のために近隣のものが集まって過ごしましたが、毎朝「什の教え」を唱えました。それは次のようなものです（現在の幼稚園生から小学一、二年生までの子供たちです）。

一　年長者の言うことをきかねばなりませぬ。
一　年長者にはお辞儀をしなければなりませぬ。
一　虚言《うそ》を言ってはなりませぬ。
一　卑怯な振舞をしてはなりませぬ。
一　弱いものをいじめてはなりませぬ。
一　戸外《そと》で物を食べてはなりませぬ。
一　戸外《そと》で婦人《おんな》と言葉を交わしてはなりませぬ。
ならぬことは、ならぬものです。

幕末に到るまでもっとも武士らしい武士として名の高かった会津武士の根底にあったものは、ここ「ならぬものはならぬ」という精神であったと、明治に入って多くの元会津藩士が書き残しています。

## 「両親を敬愛し老年者を尊敬すること、日本の子供に如くものはない」

武士の教育について触れましたので、少し江戸時代の武士以外の教育システムについて書きますが、その前に江戸末期から明治初期にかけて日本を訪れた外国人たちが書き残した日本の子供たちについての観察と感想について見てみます（この項は渡辺京二氏の書かれた『逝きし世の面影』という大変に素晴らしい御本によるところが大であることをお断りしておきます。「括弧」内の外国人の発言はこの御本から引用しています）。

そこには江戸（または明治初期の東京）や長崎、静岡や街道で、外国人たちが見かけた情景、つまり街には幸せそうな子供たちがいつも駆け回り、大人たちは遊んでいる子供たちの世界には一切干渉をせず、しかも何時も愛情を込めてそれを注意深く眺めている様子が描かれています。

「親たちはその幼児を非常に愛撫し、その愛情は身分の高下を問わず、どの家庭生活にもみなぎっている」

「親は子供の面倒をよく見るが、自由に遊ばせ、子供がどんなにヤンチャでも、叱ったり懲らしたりしない。その程度はほとんど溺愛に達しており、彼らほど愉快で楽しそうな子供たちは他所では見られない」

と書いたのは安政年間に長崎に滞在したカッテンディーケでした。

ちょっと後の時代ですが明治二十年頃の東京に滞在したメアリ・フレイザー夫人は次のように言っています。

「(日本の子供たちは) 怒鳴られたり、罰を受けたり、くどくど小言を聞かされたりせずとも、好ましい態度を身につけてゆく」「彼らにそそがれる愛情は、ただただ温かさと平和で彼らを包みこみ、その性格の悪いところを抑え、あらゆる良いところを伸ばすように思われます。日本の子供は決しておびえから嘘を言ったり、誤ちを隠したりはしません。青天白日のごとく、嬉しいことも悲しいことも隠さず父や母に話し、一緒に喜んだり癒してもらったりするのです」

明治初期に日本を旅行して素晴らしい旅行記を残した女性旅行家のイザベラ・バードは、日本各地を旅行する時いつも菓子を用意していて、子供たちに与えていたのですが、「彼ら (子供たち) は、まず父か母の許しを得てからでないと、受け取るものは一人もいなかった」

し、許しをえるとにっこりと頭を下げ、他の子供たちにも分けてやることを記して、さらに「子供たちは遊びの際に自分たちだけでやるように教えられている。家庭教育の一部は、いろいろなゲームの規則をならうことである。規則は絶対であり、疑問が生じた場合は、言い争ってゲームを中断するのではなく、年長の子供の裁定で解決する。彼らは自分たちだけで遊び、たえず大人を煩わせるようなことはしない」

と書いています。つまり日本の子供は温かく両親に見守られながら、一方では彼らだけの独立した世界をもち、大人たちはその世界には一切干渉しなかったのです。子供たちの世界を統括したのは、公平で信望をあつめる実力者のガキ大将でした。

「われわれの間では普通鞭で打って息子を懲罰する。日本ではめったにそういうことは行われない。ただ言葉によって譴責《けんせき》されるだけである」と書いたのはフロイスですが、それは日本の子供たちが、

「世界中で、両親を敬愛し老年者を尊敬すること、日本の子供に如《し》くものはない」というモースの観察の裏返しでもあります。

江戸や長崎の街は子供たちの遊び場でした。明治五年にお雇い外国人として来日したブスケは次のように書いています。

「親は子供たちを自由にとび回るにまかせているので、通りは子供でごったがえしている。絶えず別当（馬車の御者の補助員）が馬の足下で子供を抱きあげ、そっと彼らの戸口の敷居の上におろす」

先ほどのメアリ・フレイザー夫人も馬車で市中を行くと、先駆けする別当が、

「道路の中央に安心しきって坐っている太った赤ちゃんを抱きあげながらわきへ移したり、耳の遠い老婆を道のかたわらへ丁重に導いたり、じっさい一〇ヤードごとに人命をひとつずつ救いながらすすむ」

という状況だったことを書いています。

江戸時代、町奉行所は江戸市中への馬車・牛車などの乗り入れを厳しく制限していました。街道を行くこれらの車は、原則的には市中の街道の終点の場所までしか乗り入れは認められておらず、市中を行き来できる「車」は人間が数人で押したり引いたりする「大八車」だけでした。人間よりも馬力があり速度の早い乗り物が街中を通行すると、必ず人命にかかわる事故が起こることを阻止するための措置です。この大八車も、もし坂道などで暴走して人を死傷した場合には、その車の運行者は最悪の場合は死刑に処せられましたから、その伝統は明治に入っても、まだ失われていなかったことがわかります。

## 生活で密着していた大人と子供

遊びの世界では子供たちの小宇宙があったわけですが、生活のなかでは子供たちは大人たちと大変に密着していました。

「カンガルーがその仔をそのふくろに入れて何処へでも連れてゆくように、日本では母親が子供を、この場合は背中についている袋に入れて一切の家事をしたり、外での娯楽に出かけたりする。子供は母親の着物と肌のあいだに栞《しおり》のように挟まれ、満足しきってこの被覆の中から覗いている。その切れ長な眼で、この眼の小さな主が、身体の熱で温められた隠れ家の中で、どんなに機嫌をよくしているかを見ることができる」とネットーという明治六年から滞在したお雇い外人は書いています。

子供たちは母親の背中で毎日井戸端会議に出席し、寺参りでも、お花見でも、芝居でも、長旅の巡礼でも何処へでも出かけていきました。子供たちは一人で家に置いて行かれることはまったくありませんでした。

「彼らは母親か、より大きな子供の背中にくくりつけられて、とても愉快に乗り廻し、新鮮な空気を吸い、そして行われつつあるもののすべてを見物した」のです。

乳飲み子の段階を過ぎると子供たちは兄か姉の背中にうつりました。

「日本の子供は歩けるようになるとすぐに、弟や妹を背負うことをおぼえる。彼らはこういういでたちで親たちの手伝いをし、遊び、走り、散歩し、お使いにゆく」と書いたのはブスケです。さらにベーコンは、

「こんな風に世間の中で過しているので、彼ら（幼児たち）はすぐ賢そうで生き生きした顔つきになるし、年上の子供たちのやっている遊びを、おんぶしている者の背中から、遊んでいる

ものとおなじくらい楽しむのである」と書いています。

そして多くの人たちが、日本の子供の可愛らしさを心から賞賛しています。

「どの子もみんな健康そのもの。生命力、生きる喜びに輝いており、魅せられるほど愛らしく、仔犬と同様、日本人の成長をこの段階で止められないのが惜しまれる」と書いたのはスエンソンという方です。モラエスは、

「日本の子供は世界で一番可愛い子供」と書きました。

この『逝きし世の面影』という本を読んでいると、昨年「東京フォーラム」という会合でお話をした外国人の老夫人の言われた言葉を思い出します。彼女は、

「大都会の東京で暮らして一番寂しいことは、遊んでいる子供たちの笑い声や、叫び声がまったく聞こえてこないことだ」

と嘆かれました。確かにそう思って歩いてみますと、小学校の休み時間にでもそばを通らない限りは、子供たちの遊び声はまったく聞かれません。朝七時半頃に近所を散歩しますと通学の小学生たちをよく見かけますが、印象としてはノロノロ・トボトボと歩いている感じです。

私たちの子供の頃は、あたり一面の焼け跡や近所の八幡様でよく遊びました。夏はもっぱら昆虫採集でしたが（昆虫は実に沢山いました。鬼やんまも銀やんまも飛んでいました）、その他にも相撲、キャッチボールや三角ベース、地面に釘を刺す競技、ベーゴマ（これは取ったり取ら

れたりするので家では禁止されていました。アイスキャンディーも赤痢になるといって食べさせてもらえませんでした。痛恨のことでした）、馬とび、寒い時はおしくらまんじゅうでした。女の子たちはゴム跳びで遊んでいました。住宅地の道路には車が走ることはほとんどなく、彼女たちは道一杯にゴムひもを張っていました。

たった五十数年前のことなのに、と私は思いますが、若い方には遠い昔の「逝きし世」の世界なのかもしれません。

## 地方色の豊かな教材

さて、江戸の子供たちですが、彼らが手習い塾（寺子屋）に入るのはだいたい七歳か八歳頃で（かぞえですから、現在の五歳から七歳にあたります）、江戸の風習では旧暦二月の初午《はつうま》の日（二〇〇七年で言いますと三月二十五日です）が一応入門の日となっていましたが、全国的には特にこういう決まった日に入るというものではなく、随時入門が普通だったようです。

日本には古くから「七歳までは神の子」という言い方がありました。種痘も、インフルエンザ予防も、麻疹の予防も、抗生物質も外科手術もない時代、乳幼児の死亡率は高く、子供が無事成人に達する確率は今日に比べれば大変に低いものでした。これは西欧社会でも同じです。幼くして死んだ子供たちは、神の国からちょっと人間の世界に顔をだして、すぐに帰ってしまったものと考えられました。

七五三という風習は、子供たちが神の領域から徐々に人間の世界に入ってくることを、節目・節目で祝う行事でしたが、七歳になって神の世界から人間の世界に入ってきたときから、教育が始まる、ということになります（八代将軍吉宗の時代から、全国的に人口の調査が毎年行なわれるようになりましたが、藩によっては七歳以下の子供は数えないところがありました。神の子は人間の人口調査には入らなかったことになります）。

手習い塾の教育はすべて生徒一人一人に対する個人教育です。お師匠さんと子供は一対一の、いわゆる子弟の関係でした。先生が同じ日に入門した子供たち（一年生）全員を一つのクラスとして、一律に同じことを皆に「教える」現在の方式とはまったく違います。師である先生は子供たち一人一人の必要とする「学び」を、注意深く検討し、教材を揃えて学ばせてゆきました。

現在の教育方式は明治に導入された西欧のスタイルで、これは「未熟な子供たち」を鞭で叩きながら一律に「教える」ことを基本とする考え方です。これとはまったく異なったアプローチの「学びの場」が日本式の教育でした。一人一人が別のプログラムで進みますから「落ちこぼれ」生徒はまったく存在しない方式でした。

当時の手習い塾の絵を見ますと、子供たちは伸びをしたり、立ち上がって歩き回ったり悪戯《いたずら》をしたりしています。一見教室の崩壊のように見えますが、先生はニコニコ笑いながら真ん中に端然と座って見ています。無論、度が過ぎれば、厳しい罰が待っていますが、現在と比べればはるかに自由な空間だったように見えます。

そして入学から五、六年の間に、読み書きと算盤《そろばん》の基礎に加えて、子供たちそれぞれがこれから入って行く社会の中で生きていくために必要な知識や習慣、手紙を書くときに必要な時候の挨拶や冠婚葬祭の儀礼、商売に必要な書類の作り方、地理や付近の街道筋の地名などを学び、その教材の中からいろいろな道徳的な教えも学んでいったのです。

授業の始めはいろは四十七文字から入りますが、数回の授業でこれを終えると、数字に入り、一から億・兆までの字を習いますと、次はもう漢字と仮名まじりの文章に入ります。しかも幾種類もの崩し方のある江戸時代草書体の文字です。この頃の子供たちは、驚くほどの速度で文字を覚えてゆきます。

そして人名に多く使われる漢字や近隣の国名、山や川の名前、色々な街道の宿場名などを習い、そこからは季節の行事や生活の辞典とも言うべき「庭訓往来」(往来というのは往復の手紙の形で書かれた教材で、時候の挨拶や、敬語の使い方、また生活に必要な多くのことが自然に学べる勝れたものでした)、商人になる子には「商売往来」(さらに商業に必要な要素が入ってきます)、職人の子供であれば「百工往来」「大工注文往来」「左官職往来」などで道具や材料の名前、その職に必要な専門の言葉などを、農村であれば季節ごとの農作業に触れた「農業往来」、漁村であれば「浜辺小児教種」「舟方往来」など、それぞれの生きていく道によって必要となるものを選んで教材として学んでゆきました（これらの教材の種類は七千種もあったと言われています）。これらの教材の作者には十返舎一九や滝沢馬琴などが活躍し、挿絵には葛飾北斎も筆を振るっています。これらの「実学」の教材にも色濃く社会道徳が反映されていました。
「山高きが故に尊からず、樹あるを以って尊しとす」
というような教材です。
教材は各人異なっていてもすべての子供たちに大変重要視されたのは、美しい筆跡でわかりやすく文字・文章を書く能力でした。それが「手習い」です。このためにそれぞれの「手跡」を張り出して上手なものを表彰するなどのことが行なわれ、優秀な子にはご褒美が出ました。
大変素敵ですので一つだけ当時の教材の一部を紹介します。
「都路《みやこじ》は
五十次あまりに三つの宿《やど》
時《とき》得て咲くや江戸のは**な**
**な**み静かなる品川**や**
**や**がてこえくる川崎**の**
**の**きば並ぶる神奈川**は**
**は**や程谷《ほどがや》にほどもな**く**
**く**れて戸塚に宿るら**む**

**むらさき匂ふ藤沢の**
**のも瀬につづく平塚も**
**もとの哀れは大磯か**
…………………」

大変調子の良い七・五調で「文字鎖」になっています（前の句の最後の音が次の句の最初の音に鎖で繋ぐようになっており、暗記しやすい形です。調子が良いと子供たちはすぐに暗唱してしまいます）。

こういう教材をみますと、全国共通教育も悪くはないにしても、もっと地方色豊かな教材が使われ、低学年から七・五調の名文が使われると、日本がずっと豊かになるように思えます。

## 社会全体が子供たちを育てていた世界

女の子も男の子と一緒の手習い所もあれば、女の子だけのところもありました。女の子の手習い所には女性のお師匠さんが沢山いました。いずれにせよ女の子には、最初の段階が過ぎると男の子たちとは別の教材が与えられて学んでゆきます。滝沢馬琴のつくった『国尽女文章』や『女今川』など、女子が興味を持ちやすい「お嫁入り」や必要な「作法」、かな文字の手習いなどが題材になっています（滝沢馬琴は一時手習い所の師匠をしていました）。

手習い所は普通「五つ時」（午前七時半頃）から「八つ時」（午後二時頃）までの授業で、子供たちが空腹で帰ってきて食べるのが「お八つ」でしたが、昼時から算盤塾になるものや、女の子たちは昼から裁縫や琴・三弦などの習い事も多く、個人個人の都合で自由なものでした。江戸時代の子供たちもなかなか忙しかったのです。

これらの手習い塾（寺子屋）の規模は時代と地域により千差万別でした。十数人のところから京都などでは五百人を超すようなところもありました。農村では四、五十人、都会では五、六十人から百人くらいが目安でしょうか。

授業料として師匠が額を決めて請求するものはありませんでした。子弟の親たちは入門にあたって「束脩《そくしゅう》」としてお礼を差し上げ、あとは謝義として節目節目にお礼を差し上げています。貧しい親は小額、豊かな親は沢山のお礼をしました。農村では米を出す風習もありました（月に一升が目安でした）。また親たちはそれぞれの家業によって、食べ物を持ってきたり、畳の修理をしたり、家屋の手入れをしたりして感謝の意を表しています。教育は金で買うものでありませんでした。それは一種の神聖な行ないと見られていたのです。

ちなみに日本で最初に授業料を定めたのは福沢諭吉の開設した慶応義塾です。福沢は、学問はそれを授けられる個人の財になるものであるから、対価としての授業料金を、受益者負担の原則によって支払うのは当然と考えたのです。

しかし、ある意味ではこの時から教育という行為のもっていた「神聖さ」が少しずつ失われ始めたとも言えましょう。さらに戦後になって、マルクス主義が蔓延する時代のなかで、教育者が自らを労働者と規定して組合を組織したところから、教育というものがさらにその神聖さを失って異質なものになっていったと思われます。

さて、男の子たちはこの手習い塾（寺子屋）での「学び」を大体十二歳から十三歳くらいで終えて、親元を離れて住み込みで仕事の見習いになります（現在の十歳から十二歳です）。商家に丁稚奉公に入るか、職人の親方のところに年季奉公に入るのが普通でした。多くの使用人を雇っている商家の子も、多数の職人を抱える親方の子も同様に「他人の飯を食う」ために親元を離れて暮らすのが普通でした。

この見習い期間中は原則的に無給でしたが、食事・住居・衣類は奉公先が負担し、多少の小遣いを与える程度でした。そして子供たちは奉公先で働きながら、仕事と社会人となることをキッチリと習い、だいたい十年で一人前の大人になって、親元にもどるか、独立するか、勤め先でさらに上にいくのかを選んで世間に出ていきました。子供を預かった商家も職人の親方も、立派に子供をしつけて社会に還元することには大変に気を使いました。それは社会に対する責任でもあったのです。

この奉公の間、子供たちの休みは年二回（正月十六日と七月十六日）の藪入《やぶい》りだけでした。当時の様子を描いた『絵本風俗往来』には次のように藪入りの様子が描かれています。

「例年正月十六日藪入には主人より衣類万端を与へられ小遣銭を貰ひ、おのが親許へ行き、まず両親をはじめ兄弟に相会し、墓参より親戚の音信を済まして日暮れまで心のままに遊ぶ。（略）この藪入の姿は木綿綿入襦袢胴着、小倉織りの帯、千草色の股引、白足袋に粗末なる雪駄、帯の結び目に扇を挿す。是商家の丁稚藪入り小僧の出で立ちなり。（略）この藪入の前夜は夜中眠れぬ程の楽しみなりと言ふ」

とあります。すべての奉公する子供たちに、一斉に同じ日に休暇を与えることで、かつて同じ路地や通りで遊びまわっていた仲間たちとも再会できました。そしてたった一日の藪入りが終わったその日の夜には、半泣きの子供を母親がつれて奉公先へ行き、丁寧に挨拶して再び子供を置いて帰りました。

溺愛する両親や、遊び仲間から離されての奉公は始めのうちは辛いものだったでしょうが、子供たちを見守る世間の目は、やはり温かいものだったようです。同じ本に次のような文があります。

「（有名な両替商からお得意様へ届ける）金子《きんす》を持ちはこびて出る小僧等は、歳十三、四より十五、六なるが、麻紐長く付たる家名を記せる革財布に（金子を）入れて肩に乗せ、店を出るや路傍両側の露店あるいは絵草紙または手品籠抜けなどの見世物をひやかしなどして歩き行く様は金に心を止めず、万一、他に奪はれもやせんと余所の見る目の気苦労を、小僧等すこしも頓着せず、なお甚だしきは、神田橋外なる護持院原より九段坂にかけては人の通行も稀なれば、重き財布の休み所とて草むらに大金入れし財布を投げやり、心の儘《まま》に遊びても財布の失せることなきは、生き馬の目を抜くといふ江戸にも、かかることのありしは怪しむべき（不思議な）ことにこそ」

何時《いつ》の世にも悪い奴はいるものですが、彼らも子供たちからはものを奪うことはせず、小僧・丁稚の上にいる手代も番頭も大番頭さんも、皆同じような少年時代を送ってきていますから、目をつぶるところはつぶり、手綱捌《さば》きも緩急自在に励ましたり叱ったりしながら一人前に育てていったのです。預かった子供たちを立派な社会人に育てて社会に還元することは、預かった商店や親方の信用の問題でもありました。間違っても世間に批判されることのないように細心の教育がなされたのは当然でした。

教育の責任は親なのか学校なのか、という現代の不毛な議論とはまったく異なった、一つの社会全体が子供たちや若者の成長を温かくまた厳しく見つめて育てていた世界がそこにはあったと感じます。

浅草に人形の「吉徳」という三百年の老舗があります。そこの御主人は代々山田徳兵衛を名乗られますが、当代の徳兵衛氏は私と同年で、馬術の名手としても有名な方です。時々ご一緒して美味しいお酒を飲みますが、彼はもう江戸時代のような高い質の人形は作れないと嘆きます。ああいう人形を作るためには、遅くとも小学校を卒業する頃に仕事に入って、手が小さくて柔軟なうちにその感覚を体で覚えてしまうことが必要であって、大学を出てからでは、それはどうしても身につかないものだと言われます。

歌舞伎の世界でも、能・狂言の世界でも、稽古は大変に若いときから始まります。日本が世界に誇る匠《たくみ》の世界にもこのような道を選ぶ多様性が遺されて然るべきだと思います。これは決して児童虐待というようなものではないと思います。

## 教育とは人格の基盤を形作るもの

もう一つ、まったく異なった教育の場がありました。武家・町人・百姓などの階級にとらわれない成人教育です。

昌平黌《しょうへいこう》の公開講座に武士も町人も集まったことを書きましたが、これも含めて全国に二千余の私塾があったと言われています。

江戸時代の学問の主流は儒学（朱子学）でしたが、その儒学においても京都の伊東仁斎（古義学）、江戸の荻生徂徠《おぎゅうそらい》（古文辞学）など日本で生まれた学問の系統が盛んになり、多くの門人を育てました。また日本の古来の心の探求からおこった国学も賀茂真淵《かものまぶち》が出て、真淵の県居《あがたい》門流から、万葉派、遠州国学派などが派生して、本居宣長から幕末の平田篤胤《あつたね》につながる大きな学問の流れとなっています。この国学の塾にも多く武士、町人が集まりました。明治以降の皇国史観の基礎を作ったのはこの国学の流れです。

蘭学の塾も江戸中期以降は隆盛になります。医学のみならず技術書もふくめてオランダ文献の翻訳にも階級を越えた多くの俊英たちが努力を重ねました。

医学、薬学、博物学の塾もあれば、軍学、算学の塾もありました。

また江戸中期から、心学と呼ばれる主として農民層から生まれた道徳の教えも広く受け入れられ、多くの人たちの心を捉えました。万人の平等性と勤勉な篤農精神の重要性を説いた心学は、階級を越えて多数の人材を育てました。石田梅岩、二宮尊徳などの人材が輩出しています。

これらの私塾に集まった人たちは、学問を志す個人の意思で学びました。繰り返しになりますが、まったく階級制度からは離れた学問の場です。つまり江戸の学問は、それを志す人々には広く門戸を開けており、自由に学ぶ機会が均等に与えられていたことになります。

十九世紀に入った英国の状況をエンゲルスは次のように書いています。

「労働者はブルジョワとは異なった方言を話し、違った観念と表象、違った道徳と道徳原理、違った宗教と政治を持っている。それは二つのまったく異なった国民であり、人種の違いだけが作ることの出来る大きな違いである」

当時の英国には中流以上と国民の大半を占める下層階級のあいだに、「人種の違い」とも呼ぶべき巨大な溝があったことが描かれていますが、それは現在にまでも大きな影響を残しています。そして教育は「上」「中」の「層」に対してだけ行なわれましたから、この溝を越えて自由な学問の場が出来たのは極めて最近のことです。

ちょっと余談になりますが、映画『マイ・フェア・レディ』はこの下層階級で育った娘イライザが、言語学者のヒギンズ教授の手によって、言葉の壁を乗り越えて上流階級の英語を話せるようになる物語ですが、オードリー・ヘップバーンの喋《しゃべ》る下層英語はとても下手でした。生粋のコックニー（ロンドンの下町言葉）はあんな生易しいものではありません。中流以上の英語を話す人が、コックニーを真似ることもほとんど不可能なことです。英語の達人がロンドンのタクシーに乗って途方に暮れるのは、私たちの受けた英語の教育では一度も出合ったことのない、生き生きとして強烈な「下町英語」という別の言語に出合うからです。

いま、ビジネスの世界では英語は完全に世界共通語になっています。そのなかで英語を母語として話す人たちはとても有利なわけですが、香港人、シンガポール人、インド人、オーストラリア人、スコットランド人、アメリカ南部人など、皆さん実に個性豊かな英語を話します。しかも母語ですから猛烈なスピードでまくし立てることも出来ます。私が海運関係の国際会議の議長を務めていた会議で、大変な訛りのある香港人と大議論をしたあと、イギリス人やアメリカ人がやってきて、

「もう一度いまの議論の内容を教えてくれ。彼の言っていたことはほとんどわからなかった」

と言われました。英語という言葉はそのくらいバラエティに富んでいます。

私の場合は二年間ロンドンの「英語の学校」で世界中から来た学生たちと一緒に英語を勉強したお陰で、普通の人よりも「外国人の喋る独特な英語」に慣れていたわけで、本当の英語が上手いわけではまったくありません。しかし世界中の人たちの話すとんでもない英語を聞くたびに、日本の英語教育のあり方には大きな疑問を覚えます。中学・高校の六年間をかけて他の大事な科目を割愛してまで多くの時間を英語に割きながら、ほとんどの人が「下手でも良いからとにかく確実に意思の疎通をする」という最低限のことが出来ないということは、何か根本的な間違いがあるに違いありません。

日本人にとって英語という言葉はとても難しい言葉です。だいたいがあまり規則的でない相当いい加減な言語ですし、「時制」「単数・複数」「冠詞」などの概念は日本語にないものですから、かなり英語そのものに慣れてきてからでないと、いくら授業で「論理的に」教えても理解できたことにはなりません。ただ謎が増えるだけです。中学一年で習った「未来完了進行形」などというものは、私はその後の五十五年間で一度も使ったことはありません。子供が言葉を話せるようになるのは、耳から学んで口真似をしながら理解を深めてゆくのです。

いまのままであるなら、役に立たない英語に時間を割くよりは、高校では選択科目になっている日本史や漢文を必修にしてしっかりとやる方がはるかに重要です。

英語の話でわき道に入ってしまいましたが、江戸時代の教育制度と、学問を深く修めたい人たちへの門戸の広さ、というものは大変に充実していました。教育というものは、単に知識を机上で学ぶものとは考えられていません。むしろ社会で生きていくために必要なもの、人格の基盤を形作る総合的なものを社会全体で与えて若者を育てていくというものだったのです。その根底には両親の愛情もさることながら、社会全体が持っていた子供や若者たちへの温かい眼差しがありました。それが一番大切なものだと思います。

## 地球的な天候異変によって引き起こされた事態

さて、江戸時代の後半に入ります。色々なことが起こり、世界も大きく動き続けますが、それは決して日本とは無関係ではありませんでした。

さきに一寸《ちょっと》書きました八代将軍吉宗による治世は享保の改革と呼ばれますが、この改革は一方で過熱した市場経済を引き締めるとともに、幕府財政の建て直しと民政に次々と新しい手法を取り入れ、江戸時代のあり方を新しいステージに一つ進めた時代でした。

家康・秀忠・家光という将軍家の流れが七代の家継の早世で絶えたあとに、家康の十男の頼宣を祖とする紀州徳川家の五代藩主だった吉宗が将軍職を継いだのは享保元年（一七一六年）で、彼は十年間の紀州藩主時代の実績をもとに幕府の改革に取り組みます。彼の将軍在位は三十年に及び、彼の行なった享保の改革は実に多方面にわたっています。

特筆すべきものは沢山ありますが一つだけ書きます。幕府の要職に石高の低い優秀な人材を登用する道を開いた「足高」制度の導入です。それまでは要職には先祖伝来の高い石高をもったものしか就けなかったのですが、この制度の導入によって幕臣たちは能力次第で重要な役職に就き、その役職に在任中はその役職に必要な高い禄高を受けるようになりました。この能力主義の導入は現代の社会のあり方とほぼ同じです。これによって人材プールが一気に拡大され、幕府は再び活力を取り戻したのです。幕府には上級武士である「旗本」と下級武士である「御家人」の区別がありましたが、十八世紀末に出来た「寛政重修諸家譜」の旗本五千百五十八家のうち、千百四十八家が御家人から取り立てられていました（小川恭一『徳川幕府の昇進制度』）。さらに幕末には、旗本の約四割が御家人からの昇進であったと推測されています。一方では、町人・農民から「御家人」になる途もあったわけで、人材の流動性は私たちの考える以上に柔軟で能力本位のものであったことがわかります。

この十八世紀の後半には世界の歴史に重大な影響を与えた大事件がありました。一七八九年のフランス革命です。このフランス革命の前年に日本では吉宗の孫の松平定信が将軍補佐となり「寛政の改革」を断行します。この二つの出来事、フランス革命と寛政の改革は一見なんの関係もないように思えますが、その頃起こった地球的な天候異変によって引き起こされたまったく同じ事態、つまり厳しい食料難によって起こったことです。結果はユーラシア大陸を挟んだ日本とフランスでは随分違った形になっています。先ほどから何回か触れてきましたこの異常気候が引き起こした飢饉は、日本では天明の飢饉と呼ばれます。

江戸の細かい記録である「武江年表」を見てみますと、この頃気象を含めて地球が若干異常になっていることがわかります（地球としてはまったく微妙な変化なのでしょうが、その影響は甚大です）。少し前から見てみましょう（関係するところのみ適宜抜粋します）。

安永二年（一七七三）　冬厳寒。川々氷厚く通舟自由ならざるにより諸物価甚だ高かりし。正月松竹門飾商う事なし。

両国川も氷閉じ通船絶える日もありたる由（氷が閉じるということは全面凍結ということです）。

安永三年（一七七四）この冬寒気強く両国川凍り、浅草川、利根川凍りて舟の往来絶えたり。駿河は温国にして氷は六、七十年見し人無かりしに、今年は御城外氷閉じたり。

十二月四日寒気強く御堀の水凍り浅草川・利根川に人足を出し氷を砕かしめる。

安永六年（一七七七）夏より伊豆大島焼け始め（噴火したことを言います）南海に火炎出る。品川沖にて夜々火光天に映ずるを見る。

安永八年（一七七九）大いに寒し。八月大暴風雨。去年暮より大隈《おおすみ》国桜島大焼け続き、十月（江戸に）灰、雪の如く降る。

安永九年（一七八〇）三月大雨続き利根川・荒川・戸田川洪水。人家を流し永代橋・新大橋落ちる。助舟を以ってこの難を救せらる。七月より米価高し。

天明一年（一七八一）寒気激しく河川凍結。役夫多数出して砕かしむる。七月江戸大風雨。千住仮橋流失。十一月風邪大流行。

天明二年（一七八二）七月初めより小地震日毎にあり。七月十四日夜・十五日朝大地震。相州大山・小田原はわけて甚だし。江戸市中壁をふるい落とし瓦落ち、戸障子打ち倒し、あやしき小屋は見る間に倒れ、地響き割れて氷紋のごとし。八十年前元禄大地震以来と。八月六日津波あり。深川洲崎弁天拝殿末社等破壊。門前茶屋退き波に引き倒され多くの人死す。この年江戸に疱瘡《ほうそう》流行。

天明三年（一七八三）二月二日大地震。春より長雨晴天は稀なり。六月十六、十七日大雨にて千住・浅草小石川出水。大川橋・柳橋流れる。七月六日以降浅間山火坑大いに焼く（浅間山の大噴火で嬬恋村が壊滅し、鬼押出しが出来たときです）。江戸にては西北の方鳴動し、翌七日いよいよ甚だし。天暗く夜の如し。灰の降ること夥し。竹木の枝積雪のごとし。江戸にても硫黄の香りす。川水、中川・行徳・伊豆の海辺まで悉く濁る。夏より秋、長雨・冷気にして袷《あわせ》・綿入れ衣着る日多し。奥州筋大飢饉。山野・道に死骸充満し目も当てられぬ有様と云えり。

（この年アイスランドのラキ山が大噴火。被害は甚大で死者九千人、家畜十万頭が死にました）

（一七八三―八四年の冬ロンドンには大寒波が襲来しました）

（この年長い独立戦争を勝ち抜いたアメリカがパリ条約で正式に独立をみとめられます）


天明四年（一七八四）諸国飢饉。人多く死す。米価高騰一両にて三斗二、三升なり。天明二年諸国凶作、同三年特に凶作。奥州最も甚だしく当年にかけて餓死するもの津軽八万七千余、南部六万四千人に及ぶ。

（一七八四―八五年の冬、二年連続でロンドンに再び大寒波が襲来しています）


天明五年（一七八五）夏より秋ひでり。当年暑気ことに甚だし。凶作。

天明六年（一七八六）正月より日毎に風強く物の乾くこと火にあぶるが如し。早春より四月半ばまで雨なく、日々烈風にて火災の備えに安き心地なし。五月の頃より雨繁く七月十二日より大雨続き山水溢れ大洪水となれり。神田上水掛樋危うく大勢の人夫をもって防がしむ。江戸川水勢凄まじく大川橋・両国橋危うく、千住大橋往来止まる。御入国以来洪水度々有れど寛保二年（一七四二）を大なりしと云えるも、今年はそれより四、五尺深しと云えり。今年田畑不熟なりしに今は僅かなものも流れ失い、人々困窮甚だし。夏より秋諸国飢饉。諸人困窮す。

（この年に経済改革を進めていた老中田沼意次が罷免されました）

天明七年（一七八七）鰹《かつお》夥しく獲れ江戸橋・日本橋などにて生節に塩を添え一本四文より売る。前代未聞。五月にいたり米穀次第に乏しく其の価貴騰し、市中の搗《つ》き米屋も商うことならず門戸を閉ざす。二十日より二十九日まで打ち壊し夥し。官府厳しく制し給い五月賤民に「お救い」として金子《きんす》賜り、六月米・大豆下値をもって商なわしむ。

（この年六月に八代将軍吉宗公の孫にあたる松平定信が老中に就任し、寛政の改革が始まりました）

天明八年（一七八八）江戸大雪。正月京都大火（二条城焼失）、十二月に全国寺院に命じ浅間山焼、奥州飢饉、疫病、関東出水、京都大火、溺死など禍にあいしものに施餓鬼を修す（江戸は回向院）。

（この年松平定信が将軍補佐の任に就き全権を掌握します）

（この年ロンドンに大寒波が襲来してテムズ川が全面凍結しました）

寛政一年（一七八九）この年米穀豊作なり。八月八日大風雨。深川辺大水。幕府諸大名に米の備蓄（囲い米）を命じる。

（フランス革命が勃発します）

寛政二年（一七九〇）八月二十日大風雨深川出水、処々家を吹き流す。十一月二十七日大地震（幕府は石川島に人足寄場を作り浮浪者・軽犯罪者を収容して大工・建具・塗り物・紙透きなどを教え社会復帰をさせる制度を発足させました。この制度は幕末まで続きます）。

寛政三年（一七九一）五月大きな雹《ひょう》降る。重さ三匁《もんめ》強（約十二グラム）。八月六日大風雨、小田原より江戸まで高潮上がる。深川筋大水。利根川筋堤切れて東葛西大水。洲崎弁天辺五十軒流失四十人程溺死。この大荒れ諸国同じ。九月三、四日大嵐。高潮深川洲崎に張り吉祥寺門前町住居の人と共に一時に海に流れ行方知らず。関東・上方も大風雨にて米価高騰するも公より厳しく仰せられ一両に七斗より高く売買致すまじくとあり。諸子の御借米あり。御仕法諸人有り難がりしなり。

寛政四年（一七九二）米価高騰。この時公義より御払米を江戸中の搗き米屋に御渡しあり。四月雲仙岳大に焼く（島原大変）。

長々と書きましたが、この約二十年間の相継ぐ天変地異の激しさは、私たちの知っていること百五、六十年の安定した地球環境とは随分違うように思います。

この気象の変動に対して日本では松平定信による寛政の改革を先頭に、各藩の藩政改革が全国的に進みました。各藩で中興の祖と呼ばれる名君が続出して、藩政を立て直すために冗費を押さえ、産業を起こし、官民一体となって経済再建を行ないました。各地に藩校が発足し、武士の教育が厳しく行なわれるようになったのもこの時代です。そして天候の回復とともに江戸時代の第二のピークともいえる文化・文政の時代に入ります。

### 飢餓の結果がフランス革命?

一方フランスでは大革命が起こります。フランス革命はブルボン王朝の圧制に対する啓蒙主義の発展と市民意識の高揚、三部会の招集からパリ市民の蜂起、そして過激な革命家ロベスピエールの登場とその反動。混乱の中からからナポレオンの登場へ進むのですが、いままであまり気象変動との関連は語られませんでした。

パリ市民が食べるパンがまったくないということを聞いて、可愛いマリー・アントワネット王妃が、

「それではビスケットを食べれば良いんじゃない?」

という素敵なアイディアを出した話は有名ですが、これは我が国の浅間山とアイスランドの大噴火による粉塵が成層圏に数年止まって、北半球の気温が下がったために起こった飢饉でした。フランスでは小麦の製粉は水車によって行なわれていました。国中の川が凍りますと水車

が止まり、小麦粉がなくなり、パンもなくなり、市民は餓死か大規模の一揆を起こすかを迫られました。

その結果がフランス革命です。

フランス革命の掲げた「自由」「平等」「博愛」の旗印は、実態は兎《と》も角《かく》として、その後の世界に大きな思想的な影響を与えました。

明治以降の日本の知識人は、日本にこのような高邁な思想を掲げた革命が起こらなかったことを大変に残念に思ったようです。しかし見事な「旗印」はそれとして、このフランス革命による死者は二百万人と言われています。当時のフランスの人口は約二千三百万人ですから、一割近い人が犠牲になりました。王党派と革命派が国土にローラーをかけるように行ったり来たりするたびに、農民や市民が無造作に殺されました。あまりに死刑にする人が多いので、ギロチンが発明されました。キュウリを包丁でストンストンと切るように首を切ったのですが、こういう「合理性」はいかにもフランスらしく凄いものです。

この時期の気候変動の理由はまったく解明されていません。気象学の方にうかがいますと、こういう変動は過去にも何回もあり、最近のように安定している方が稀なケースだ、などと言われます。現在は急速に地球温暖化が進み、その対応に世界を挙げて追われていますが、その流れの中でも、何時「しゃっくり」が出るように寒冷化が飛び込んで、激しい気象の変動が起こって世界的穀物不作の場面を迎えても不思議はないそうです。

## 日本の「資源論」

二〇〇〇年現在で、日本の食糧自給率は四十％（その三十年前の一九七〇年にはまだ六十％ありました）、エネルギー自給率は原子力を国産と考えてもわずか十数％と、どちらも先進国のなかでは断然の低い数字です。ちなみにアメリカの食料自給率は百二十五％です（余剰の二十五％は輸出していることになります）。

もっとも日本で消費される食料全体の三割は食べられるのではなく、食品となって市場に出てから結局はゴミとして廃棄されていますから、これを差し引けば自給率はもっと上がります。つまり日本という国は恐ろしいほど過剰に食料を輸入して捨てているのです。膨大な量の穀物、安い野菜、世界中の魚類、珍しい贅沢な食品を買うために、いまから五年前の数字で四兆三千億円を使っています。

世界的天候不順によらなくとも、二〇五〇年には地球人口が九十億人になり（現在は六十五億人を越えたところです）、そうなると食料は完全に不足すると推定されています（特に中国・インドの巨大人口国の経済発展が続いて、贅沢な食事を満喫する富裕層が急拡大するという前提での数字でみますと、一部食材の不足はもっと早く明日にでも顕在化すると計算されています）。

靖国問題も消費税も大事な話ではありますが、世界的な気象異常のリスク、長期的にみた日本のエネルギー問題や食料問題についての真剣な話が、日本にはまったく欠けていることはとても奇妙なことです。日本の産業は「省エネ」技術が進んでいる「優等生」「良い子」だからそれで良いのだということと、いざ世界中に食料や石油がなくなったら日本はどうするか、という問題はまったく次元が違うことです。クラスの中で、自分より成績が下と思われる人数を数えて安心する気持ちはまったくもってよくわかりますが、このケースには当てはまらないのです。かつて日本人はもう少し長い尺度で物事を見てきたと思います。

## 世界帝国イギリスの脅威

さてもう少し世界を見てみます。十八世紀から十九世紀にむかって、海外植民地からの収入と貿易による巨大な利益をもとに産業革命に入ったイギリスが世界帝国の座に着くことになります。重商主義国家の誕生です（十九世紀前半の英国経済の成長率は長年にわたって年率二十％を超えていた、といわれています）。

長島伸一氏の書かれた『世紀末までの大英帝国』という御本を読みますと、当初もっとも利益を上げたのは、西アフリカから西インド諸島に向かう奴隷貿易でした。『ロビンソン・クルーソー漂流記』を書いたＤ・デフォーは、西アフリカの黒人奴隷を「一人当たり三十シリングから五十シリングの値で、或いは高くともせいぜい三ポンド」で獲得し「バルバドス島やジャマイカで、一人当たり二十五ポンドから三十ポンド」で販売する奴隷貿易は「限りなく利益の多い貿易」であった、と書いています。この利益多い貿易は十七世紀末から約百年続きました。英国の運んだ奴隷は年間二万人とも五万人とも言われています。計算をしていただければわかりますが、これはとてつもない利益率の「事業」です。しかも密貿易ではありません。国家の公認した大事業でした（当時のイギリス通貨は二十シリングが一ポンド。一シリングは十二ペンスという十二進法と二十進法の組み合わせでした。私がロンドンにいた頃［一九五九年から一九六一年まで］もそうでした。この四で割り切れるシステムは使ってみると誠に便利なシステムでした）。

この奴隷貿易はイギリスだけが行なったものではありません、フランスもスペインもオランダもポルトガルも盛大にやりました。しかしこの百年の間にイギリスは四つの大戦争を勝ち抜き、世界中に植民地を広げましたから、それらを結びつける貿易ネットワークにこの利益の大きな「商品」を巧みに組み入れることで他国を圧倒する富を蓄積していったことになります。

戦争は次のようなものです。括弧内はイギリスでの呼称です。

一六八九―九七　ファルツ侵略戦争（ウイリアム王戦争）
一七〇一―一四　スペイン継承戦争（アン女王戦争）
一七四〇―四八　オーストリア継承戦争（ジョージ王戦争）

一七五六—六三　七年戦争（フレンチ・インディアン戦争）
一七七五—八三　アメリカ独立戦争

最後のアメリカ独立戦争の敗北を除けば、いずれもフランスのブルボン王朝の拡大政策に対抗して英国中心の連合軍を結成して戦ったものです。これらの勝利によってイギリスは、いわば独り勝ちのようなことになり、植民地の大拡大となり世界帝国となったものです。

この奴隷貿易がさすがに人道上の問題として取り上げられました。イギリスは世界ネットワークと、本国の膨大な輸入を支えるための外貨がどうしても必要ですから、奴隷貿易禁止の動きが表面化すると、今度は中国向けのアヘン貿易を強力に推し進め、これが奴隷貿易に代わって巨額な利益を稼ぐようになり大英帝国はますます繁栄します。

イギリス議会に委員会が設置され、奴隷貿易の漸時廃止の勧告が出されたのは一七九二年（寛政四年）のことで、日本では松平定信が必死で天明の飢饉からの再建を行なっている頃でした。ようやく廃止になったのは、それから十五年たった一八〇七年（文化四年）、今日から丁度二百年前のことです。

一方、アヘンの蔓延によって国が滅亡する危機に直面した中国（清王朝）が林則徐を立てて戦ったのがアヘン戦争（一八四〇—四二年）ですが、中国はあえなく敗れて巨額の賠償金の支払いと領土の割譲を余儀なくされます。この結果は日本の幕府を震撼《しんかん》させました。なんといっても東アジア最大の帝国であった中国がいとも簡単に敗れ去ったのです。清国の轍《てつ》を踏むことをいかに避けるか、幕閣は苦悩します。佐久間象山が世界情勢を説いて、開国の必要性を説いたのはこの時でした。清国が屈服する直前に幕府は「外国船打ち払い令」の緩和に踏み切ります。そして戦争はなんとかして回避しようという避戦論が幕閣内に強まって、開国もやむなしという考えに向かうことになります。

またちょっと横道ですが、ある外国人の集まりで江戸の歴史を英語で講演したときに、私は再三にわたって「アヘン戦争」（オーピウム・ウォー）に言及しました。講演の後にイギリス人が来て、「いまはアヘン戦争とは言いません。第一次英中貿易戦争、第二次英中貿易戦争と言うようにしています」とやんわりと言いました。何処でも同じような言い換えをするものです。

## 太平洋を埋めるアメリカ捕鯨船隊

十八世紀後半から太平洋は賑やかになります。それまでは年に一、二回スペインの帆船が往復するだけだった太平洋に大挙してアメリカの捕鯨船が入ってきました。一八〇〇年代に入ってからは徐々にその数は増えて、一八五〇年頃には太平洋全域に七百隻の捕鯨船が操業しており、そのうち三百隻は日本近海で操業をしたと推測されています。

アメリカは一七八三年（天明三年ですから浅間山の大噴火の年です）に独立が承認され、新天地を求めて欧州から移民してくる大量の新国民をかかえて急速に発展します。鯨油は主として灯油に使われるとても大事な油でした。

これだけ沢山の捕鯨船が北太平洋で操業すれば当然燃料と食料の補給や、嵐の際の避難港が必要ですから、アメリカは日本の開国を強く希望しました。ペリー提督に最初に与えられていたミッションは日本の開港と、薪炭・食料の提供、出来ればどこか一つの島をアメリカに提供してもらい、そこに資材や石炭を貯蔵してアメリカの捕鯨基地としたい、というものでした。通商の要求は後からついてきたものです。

幕末嘉永六年（一八五三年）七月にペリーの率いるアメリカ極東艦隊が浦賀に来航して開国を要求しました。

ペリー艦隊の訪日計画は前年の四月に長崎のオランダ商館長のクルチウスが提出した「別段風説書」にその遠征計画の詳細があり、幕府は十分に承知していました。またその情報は幕府に近い譜代大名、会津松平家、井伊家などには事前に流され、薩摩藩にも伝わっていました。ですから黒船来訪で幕府の首脳陣は別に驚き慌てて周章狼狽したわけではありません。

幕府は開国の交渉を行なうことが避けられないのであるならば、最強国であるイギリスよりもアメリカが望ましいと考えていました。アメリカの捕鯨船は日本船が嵐で難破した際に人命救助をしており、その救助された日本漁民を日本に送還していました。そのなかに中浜・ジョン・万次郎もいました。彼はアメリカ捕鯨船に救助されてボストンに行き、その能力を高く評価した船長の手によって同地の学校に入って教育を受けて帰国した若者です。幕府は彼を召し抱えてアメリカの事情を聴取しました。

「アメリカという国はイギリスと戦って独立した新しい国であり、入れ札で国王を選ぶ（選挙で大統領を選ぶ）平等な国である。その国王は護衛も連れずに平気で街を歩き、一般の人々も気兼ねなく彼と談笑する」

と万次郎は報告しています。幕府はこの国に好意を持ちました。

ペリー入港と同時に、すでに長崎から呼び返されて待機していたオランダ通詞の堀辰之助と浦賀奉行所の与力中島三郎助が、小船でペリーの乗っている旗艦に乗りつけて、堀通詞が「アイ・キャン・スピーク・ダッチ！」と英語で呼びかけて最初の日米交渉が始まりました（ダッチはオランダ語のことです）。これがその後今日まで百五十年あまり続いている日米交渉の最初の一言です。交渉の準備は出来ていたのです。

この第一回の来日はアメリカ大統領の国書を受け取ることで米艦隊は、わずか十日で去ります。

加藤祐三氏の『幕末外交と開国』という御本にはこの辺のことが大変に読みやすく書かれていますが、翌年の本格交渉に備えて幕府が構築していた議論構成は次のようなものであったようです。加藤氏の御本から一部を引用します。

「日本は小国で人口が多いため、土地の産物も国民が使うには不足しないが、外国に渡す余剰はない。外国と交易することで『自国の用を欠き』、百年もつはずのものも五十年で尽きてしまう。外国との通商は利なく、生民を煩わせるだけであり（略）国家の弊を招くことになろう。（略）井戸のように、一家用のものを隣近所が一斉に使うと、水が枯れてしまう」

「（このような）我が国の意志を無視して諸外口が自分の利益のみを考え、ついには戦争に及ぶというなら、我が国は『甘んじて戦争に及ぶべし』と思う。（米国や西欧諸国は）自国さえ利あれば、他国に害あっても構わないという主意であろうか」

「戦争にいたれば互いに生民を殺傷し、益がない。これは通航の本意に反することにならないか」

先ほど述べましたように、今日ではお金に任せて、世界中のものを買いあさっている日本にも、かつてはこのような議論があったことは大変に興味深いことで、有限である資源を念頭においた堂々の議論だと思います。また後段の議論がのちの帝国日本の指導者にあったならば、日本の運命も随分異なったものになっていたと思います。

ちなみに欧米の諸国が資源の有限性という概念を持つようになったのは、ずっと遅れて二十世紀に入ってからのことです。

余談になりますが、幕府がアメリカとの交渉をイギリスよりも先行させたかった理由の一つは「アヘン問題」でした。アメリカが中国と結んだ協定にはアヘンなどの密輸は行なわないと明記されていました。日本は日米交渉で、この条項が入っていることを確認して日米和親条約を成立させます。そしてこれが「最恵国条約」となってイギリスを含む西欧諸国にも適用されることになり、日本は麻薬の流入を阻止できたことになります。

アメリカによる日本開国要求の焦点であった捕鯨活動は、一八五〇年頃から始まった石油の商業利用が急速に広がったことによって衰退に向かいました。これがなかったら間違いなく鯨類は絶滅していたと思います。

また南北戦争が一八六一年（文久元年）に勃発しましたから、アメリカとしては日本どころではなくなりました。この南北戦争が勃発して半年後に、日本では幕府と朝廷の間を結ぶ絆として仁孝天皇の皇女和宮様が十四代将軍家茂に降嫁されるために京都を発たれました。中仙道を通った史上最大の行列でした。時代はいよいよ幕末に向かって進みます。

# 第六章　日本の宗教と心

桃園春興《ももぞのしゅんきょう》（『江戸名所図会』）

## 無宗教といわれる日本

さて、ここまで出来るだけ「世界のなかの日本」という視点から江戸の文明について書いてきました。横道にそれてばかりでしたが、日本人の持っている基本的な真面目さ、階級制のなかの人々の平等性など、西欧社会とは極めて異なった国自体の性格というものを感じて頂けたとしたら大変に嬉しく思います。この本の一番最初の方に、五十年で変わる文化とか、何時《いつ》になっても変わらない根底の文化、遺伝子といったことを書きましたが、この章ではその根底の部分、宗教観といったものと、それを育んだ自然環境について触れたいと思います。

よく日本人は世界で一番無宗教の人種だと言われます。確かに七五三や、露天の店が並ぶ「お祭り」のときには神社にお参りに行き、結婚式はホテルの教会で挙げ（最近は「外国人の牧師さんで」という御指名が多くて困るとある日本人の牧師さんが嘆いておられました）、お葬式や法事はお寺でお坊さんにお経をあげていただく、という不思議なことが行なわれている国は世界中で日本だけです。最近の若い方はとうとう神社とお寺の区別もだいぶ怪しくなっているようです。時々お寺で二拍手している方を見かけます。

一方世界をみてみますと、現在私たちがその中で生きている、いわゆる近代文明の社会を作ってきた西欧文明はキリスト教に深く基礎を置く社会です。西欧人でも個人としては無宗教の人も多数いますが、西欧社会全体のあり方や人々の行動様式は、キリスト教という宗教の上に立てられたものです。例えば、いま世界中で日曜日を休日とする国が多いのですが、これは「神」が天地を創ったときに、七日目に休んだと旧約聖書に書かれていることから来るキリスト教の「安息日」の習慣が世界に広まったものです（イスラム教の安息日は金曜日ですから土曜・日曜は普通に学校もあればオフィスも開いています）。

日本は明治五年（一八七二年）に、それまで約千三百年にわたって使ってきた太陰太陽暦（旧暦）をやめて、西欧と同じグレゴリウス暦を使うことにして、初めて曜日というものが導入されました。それまでは、社会全体が同じ時に一斉に休むということは、お正月や、地域のお祭りといったときしかなかったのです。お隣の中国は四十年遅れて一九一二年（大正一年）に西洋暦に切り替わっています。

もっとも、明治政府がこの明治五年の年末に突然グレゴリウス暦に切り替えたのは、翌明治六年が旧暦ですと閏《うるう》の月が入る年で一年が十三ヵ月になるため、一ヵ月分の月給支払いを削減するために強行した、という説があります。当時まだ徴税システムが充分に確立していませんでしたから、多分本当のことだろうと思います。

## 一神教の世界

さて、中東の砂漠と厳しい乾燥地帯で生まれた最初の宗教はユダヤ教でした。これはユダヤ民族のためだけの宗教ですが、ユダヤ民族は世界中に広がっていますから、世界的な民族宗教ということになります（ここはちょっと難しいところで、ユダヤ教を信仰する人たちがユダヤ民族である、という定義ですから、どちらを主体として書くか迷うところです）。このユダヤ教から分かれて、約二千年前に生まれたのがキリスト教で、それから約六百年遅れて出来たのがイスラム教です。

この三つの宗教はまったく同じ「神」、絶対的な力のある単一の創造主を信仰の対象としている、いわばもともとは兄弟のような宗教です。先ほど触れた旧約聖書はこの三つの宗教に共通な創造主の天地創造からの物語ですから、三つの宗教にとって等しく重要な経典となっています。アダムとイヴの物語などは、三つの宗教に共通のものなのです。

ユダヤ教ではこの創造主を「ヤハウェ」と呼び、キリスト教では「ゴッド」（「神」）と呼び、イスラム教では「アッラー」と呼びます。異なっているのは、この創造者の啓示（教え）を受けた預言者（「神」の言葉を預かって人々に伝える人、という意味です）が、ユダヤ教ではアブラハムやモーゼなど、キリスト教の場合はイエス・キリストであり、イスラム教はモハメッドと異なっていて、彼らが人々に伝え教えた内容と、それが長い年月のあいだに、それぞれ独立した宗教として発展してきた結果の信仰のあり方と考え方が異なっていることです（キリスト教の場合は預言者であると同時に神の子として、神と同一視されますが、ユダヤ教・イスラム教の場合にはモーゼもモハメッドも神の啓示を受けた「人間」です）。

イスラム教の預言者モハメッドが死ぬ時、枕元には大天使ガブリエル、預言者モーゼやイエス・キリストたちが現れて、モハメッドを優しく天国に導いたと伝えられています。つまりもともとはそれほど近い宗教なのです。

これらの宗教は、単一で絶対的な力を持つ創造者ただ一人を信じ、その教えをしっかりと守ることで人間は神の国へ行くことが出来る、という宗教ですから一神教と呼ばれています。一神教の「神」は信者に絶対的な服従と信仰を求め、これを破ったもの、これを信じないものには厳しい罰を与える強い性格の「神」です。また「神」は時として大変に嫉妬深く狭量です。

この厳しい宗教の性格から、同じ「神」を信仰しても、ユダヤ教、キリスト教、イスラム教は長い間、時として激しく対立して戦争を引き起こしてきました。最も有名なのは十一世紀から十二世紀のキリスト教による聖地エルサレム奪回の十字軍の派遣です（この戦争が結果としてスペイン、ポルトガルを世界大航海に向かわせたことはすでに書きました）。また同じキリスト教徒の中でも十五世紀以降は旧教徒と新教徒間の激しい宗教戦争が三世紀も続き、ヨーロッパを疲弊の極に陥れましたし、現在イラクを麻痺させているシーア派とスンニ派の対立ももう一千年にわたるものです。九・一一のテロ事件や、いまアフガニスタンやイラクで起こっていることの根底には、この長い宗教の対立があります。いかに宗教が現在でも世界にとって重要な問題であるかは、想像以上のものがあります。

宗教にはその宗教を生んだ気候風土とそこに暮らしてきた人々の生活の基盤となったものが色濃く反映されています。

かつてアルプス山脈以北のヨーロッパは深い森に覆われていました。そこに住んでいたケルト族やゲルマン族の人たちは、森には精霊が住むと信じており、樫《かし》や楡《にれ》、樅《もみ》などの巨木を神の宿る聖なる樹として太陽とともに祭っていました。九世紀から十二世紀頃にかけて、この北ヨーロッパにアルプスを越えて南からキリスト教がやって来ました。地中海文明である神聖ローマ帝国が推し進めるヨーロッパ全体のキリスト教化です。抵抗する原住民族は打ち破られ、深い森の樹々は次々とキリスト教の司祭たちの手によって切り倒されていきました。キリスト教は厳しい乾燥地帯である中東で生まれ石と灌木の地中海世界で育った宗教です。キリスト教徒になることに抵抗するゲルマン人たちが昔から信仰の対象とした深い森は、「神」に従わない悪魔の住む場所として破壊されました。森がなくなったあとは、乾燥地帯の文明には一番快適な、広々とした牧草地となりました。これが文明化です。

ハリー・ポッターの世界でも、森は何か不気味な、悪いものが住んでいる所として出てきます。あれがキリスト教文明の一般的な西欧人の感じている森の姿です。つまり「自然」は、そのままでは悪であって、キリスト教徒の手によって征服されて初めて神の祝福を得た「善きもの」になるのです。

余談になりますが、森を失ったヨーロッパには、ペスト（黒死病）の大流行が起こりました。一三四八年から一三五一年までの四年間でヨーロッパの全人口（当時約七千八百万人と言われています）の三分の一がこの疫病で亡くなりました（日本では後醍醐天皇による建武の中興のあと、南北朝に分かれ、足利尊氏が室町幕府を開いた頃です）。ペストを媒介するクマネズミは草原の生き物ですが、草原が広がり、一方森がなくなって天敵のキツネ、オオカミ、フクロウ、タカなどが、ほとんどいなくなったことで、このクマネズミが大繁殖したことが原因と言われています。英国でも一六六五年（日本では四代将軍家綱の時代です）にやはりペストが大流行しましたが、これは舟を造りすぎたためであることは第四章で述べました。これも森の消滅が原因でした。

自然の環境のバランスを大きく人為的に変えると、予想もしなかった災害が起こることの典型的な例だと思います。

## 「優しさ」と「激しさ」の二面性をもつ神道

さて、砂漠ではない、豊かな自然と四季のあるところ（南インドから東南アジア、そして東の端の日本に広がる所謂《いわゆる》モンスーン地帯です）では、まったく異なった宗教が生まれました。そこには豊饒を極めた植物世界があり、人間も動物も循環する自然の中で生まれ、生き、死に、また再生して続いていきましたから、生命は永遠に循環するものと捉えられました。

そしてその自然のなかで、特に優れたものを神として敬《うやま》ってきたのが、日本古来の宗教、神道です。特別に神秘的で美しい山や滝、何千年の命を持つ巨木、再生の力の特に強い動物、普通の人より遥かに優れた能力を持った人間も神様として敬われ、祭られました。そしてその勝《すぐ》れたものたちがこの人間世界に禍《わざわい》をもたらさぬように、その年の豊饒を祈る神聖な場所は、清浄な自然の森の中でも霊の力の強いところで、人々はそこを特別に神聖な場所として扱いました。それが日本の神社の始まりです。ですから神社には必ず森があり、その森自体が神聖であり大切なのであって、神社の建物はあってもなくてもよかったのです。のちに儀式を行なうために、建物があることが普通になりましたが、それは簡素で、周囲の自然に対して大きく開かれた様式になっていきました。これは何百年もかけて作られたヨーロッパのキリスト教の大聖堂が、悪がはびこる、穢《けが》れた地上の世界とは完全に隔離した形で、建物の内部に荘厳な

「神」の国、天国の姿を再現しようとしたのとは、まったく正反対の考え方です。

神道ではすべてのものに「和御霊《にぎみたま》」と「荒御霊《あらみたま》」があると理解していました。そのもの・人が優しく和やかで美しいときは、それは「和御霊」が現れているときであり、激しいエネルギーで破壊し、創造しようとしているときは、「荒御霊」が「荒振って」いるときと理解しました。そして勝れたものである神の「荒御霊」を鎮めるために、その神の「荒御霊」だけを祀《まつ》る社が数多くできました。

私はすべての自然・生き物に「優しさ」と「激しさ」の二面があるという考え方が好きです。絶対神を信仰するものは「善」であり、信じないものは「悪」であるとバッサリ切り分ける一神教の世界よりも、ずっと素直で柔軟な洞察です。

また江戸の付け句ですが、

「小春といふも冬の愛想」

というのがあります。急に寒くなって皆が震えたあとに一日暖かく晴れた日があって、これは「冬」が皆に一寸《ちょっと》お愛想をしているのだ、と捉える感覚はとても洒落《しゃれ》ているとお思いになりませんか。

このような古代からの信仰（神道）のあった日本に、インドで紀元前五世紀頃生まれた仏教が、中国、朝鮮半島を経由して入ってきたのは六世紀の半ばです。仏教伝来です。

仏教も同じように循環的で豊饒な世界で生まれたものです。その豊饒な世界の中で生きて行く人間が出会う死や別離などの深い悲しみや、老いや病気などの苦しみからどうしたら脱却できるかをお釈迦様が考え抜かれて得られた「悟り」を皆に広めることで出来た宗教です。その教えには、この現実の世界には永遠に続くものは何もないこと、あらゆる生命はお互いに関連しあって存在して循環していること、仏を信じて良い行ないを重ねていけば、その命の循環の中で何時《いっ》か仏になる日がくること（成仏すること）などがあります。

二〇〇五年に私はお釈迦様の誕生地であるネパールのルンビニという聖地を訪れました。そこは丹下健三氏の設計による巨大な聖域になっていて、世界中の仏教寺院が点在していました。ベトナム寺院、タイ寺院、中国寺院、チベット寺院、韓国寺院、フランス寺院、日本寺院など、いわば世界仏教建築博覧会のごとき様相を呈していましたが、あちらこちらのお寺から読経の声が流れて誠に心の鎮まる清浄なところでした。仏教には上座部仏教と大乗仏教の大きな二つの流れがあり、さらに各国の仏教にも色々な宗派がありますが、この聖地には争い事はありません。山が高ければ高いほど幾つもの登山道があるのは当然で、どこから登っても頂きは一つであるという考え方です。

一方キリスト教・イスラム教・ユダヤ教夫々《それぞれ》にとって最も重要な聖地であるエルサレムの領有を争って、すでに千年近くも争い続けている一神教にはこういう寛容な考え方は見当たりません。

余談ですが、ルンビニのホテルでビュッフェ式の夕食をとった際、食堂の席についたところでマネージャーがやって来て、「ここではまずお坊様が食事をされ、次に尼様ですので、在家の皆様はしばらくお待ちください」と言われて食堂のテーブルでお茶を飲みながらだいぶ待ちました。いよいよ私たちの番になって食事をとりに行ってみますと、巡礼に来ていた元気のよい若いお坊様が多かったせいか、もうあまり残っていなかったのには一寸閉口しましたが、こういう規律が当たり前のこととして生きているということは大変に爽やかな印象でした。

この山岳の国に電気が行き渡ったのはわずか数年前のことです。日本のODAによってこの大工事は出来上がりました。ネパールの人たちは大変に感謝しています。良かったと思いました。

## 日本だけが理解できる「供養」という感覚

さて、日本人はこの仏教を新しい、優れた宗教として受け入れ、深くその影響を受けました。現在の日本語の語彙のなかに、驚くほど沢山の仏教起源の言葉が入って日常に使われているのをみると、如何に仏教が人々の生活に深く関わってきたのかがわかります。しかし一方では古くからの信仰も捨てませんでした。そして江戸時代までの長い年月を経て「神様、仏様」

としてともに信仰されて、ある部分ではお互いに混じり合いながら、生活や習慣のなかに深く根づいたものとなりました。仏教も日本人の古来の考え方を反映して、すべての生きるものは、木も草も人間も、在るがままで成仏できる、という考えも生まれ、さらにそれは命のあるものだけでなく、例えば日常大事に使ってきた道具が壊れて使えなくなった時に仏様の前で供養する（針供養など）という風習にもなりました。

三、四十年ほど前から日本の工場では沢山の工業ロボットが使われ、世界中から見学者がやって来ました。彼らが驚いたのは、当時は多くの工場でロボットに、太郎君とか花子さんというように名前をつけ、工場の人たちが、まるで子供のように話しかけ、可愛がって、大事に丁寧に扱っていたことだそうです。こういう感覚は西欧にはまったくありません。人間は人間として優れたもの。機械はあくまで道具です。

いまでも子供たちがいたずらをしたり、ものを壊したり、生き物をいじめたりすると「仏様の（神様の）バチが当たるよ」と言って叱ることがあると思いますが、日本人の心の根底に、神様、仏様、そして亡くなった肉親など家族の御先祖様が、何時《いつ》も身近で見ているという感覚があります。これも西欧人とはまったく違う感じ方です。一神教では亡くなった方ははるか彼方の天国へ行ってしまいますから、もう残った者とはあまり関係はありません。そのため命日に供養するということもありません。

二回目のニューヨーク駐在の頃、東京の日本郵船ＯＢたちから、戦前から五十年以上日本郵船紐育支店に勤めていた老婦人の命日に「花を持ってご自宅にお参りしてほしい」という依頼がありました。何時ものようにOBたちが集まって酒を飲みながら思いついたことではあるのでしょうが、私も一回目の駐在勤務の時にまったくの孫扱いで可愛がってもらった方ですから、ぜひお参りしたいとご遺族に電話をしました。反応は、

「エっ？　命日？　何のこと？」

というものでした。色々説明しても不思議そうでしたが、結果はわざわざ来るのも大変だろうし（恐らく正直に言えばちょっと迷惑でもあるから）、お花の代金相当を小切手で教会に寄付してくれということでした。適当な金額の小切手を送って、そのむねOBたちに報告しましたら、「それはご苦労」ということでこの話は終わりました。

二〇〇六年はモーツアルトの生誕二百五十年で世界中がモーツアルトだらけになりました。このように、キリスト教社会では没後何年、何回忌という考え方はありません。行なうなら生誕何年です。

日本にはもう一つ社会道徳に大きな影響を与えた儒教があることはすでに述べてきました。孔子はだいたいお釈迦様と同じ時代、いまから約二千六百年前に生まれた方です。しかし同じ「教」がついていますが、儒教は宗教ではないと思います（祭祀があるから宗教だと言われる方も沢山おられます）。私は、儒教は「指導理念」「道徳理念」という風に理解していますが、違

っているのかもしれません。大変面白いと思いますのは、孔子の教え（論語・中庸・大学など）がイエズス会の宣教師によってラテン語に翻訳されて、十八世紀の西欧、特にフランスに大きな影響を与えたことです。ヴォルテールは、

「儒教は実に素晴らしい。儒教には迷信もないし、馬鹿げた伝説もない。理性や自然を愚弄し、明確さを隠すドグマもない」

と述べ、フランソワ・ケネー（重農学者）は孔子教（儒教）の政治理念は、すべての国の規範として採られる価値がある、と述べています。彼らはフランス革命に大きな影響を与えた人たちですが、彼らのなかに儒教を通じて中国の易姓革命思想（君主の統治が悪ければ、天がこれを見放し、天の支持を受けた新しい王朝が立つという思想）が伝わり、これがフランス革命の基本にあったと考える歴史学者も多いようです（フランス革命は浅間山の噴火と儒教によって起こった、と言うとフランス革命好きの方々に叱られそうですが）。

## 日本型マネジメントは強い

さてこの宗教の違い、一神教と多神教の違いは、それぞれの社会のあり方にそのまま反映されています。

西欧の会社では「ボス」の権力は絶対です。下からの報告は全てボスに集中し、命令は細部

にわたってボスから降りてくるものです。どんな情報でもボスに報告する前に、同じ組織の横の部局に「参考までに」流すことも厳禁です。極めて厳格な「縦」の世界です。ですから西欧社会で生きていく覚悟の方は、的確にボスを見つけてそこに徹底的に胡麻を擂《す》ることをお勧めします。

アメリカ人は「パワー」という言葉が大好きです。それは腕力の強さから、学問や政治の世界、会社の経営者でもギャングの親分でも金儲けでも、とにかくトップに上って絶対的なパワー（権力）を持つことが最大の夢であり賛美の対象になります。まさに一神教の世界です。ブッシュ大統領は赤いネクタイを締めています。戦いの色です。するとそれは「パワー・タイ」と呼ばれて、我も我もと赤いネクタイになります。クリントンの時は黄色でした。有名人が行くレストランは「パワー・レストラン」と呼ばれます。パワーは無意識に神に通じているわけです。

この一神教型の世界に慣れるのには少し時間がかかりました。私の育った日本郵船は多くの日本の会社がそうであったように、むしろ「ボトム・アップ」型の会社でした。大きな方針は漠然としたトップダウンという形で示されますが、その目標を達成するに当たっての作戦計画の策定、問題点を抽出して、色々な部署と話して具体的な方針を考えてメモにして上申するのはだいたい課長以下の若者たちの仕事でした。ですから若者たちはまるで社長のような気持ちで意気盛んに働きました。メモが段々に部長・役員・社長まで廻って真っ黒になるほどコメントが書き込まれて戻ってくるのは嬉しいことでした。また実際に対外的には驚くほどの権限が若い衆に与えられていましたから、三十そこそこで海外の大きな交渉ごとにもあたりました。「階層によって厳しく隔てられているが、根本的には全く平等の精神があった」と書かれた江戸時代の日本の社会そのものです。このトップから著者たちまで、皆平等な社員であるという感覚は西欧の会社にはないものだと思います。

この日本型のマネジメントは武士の手法である、と書かれたのは笠谷和比古氏です。同氏は著書『武士道と日本型能力主義』という御本の中で、ひとたび合戦となれば、各部隊は独立して戦況を判断して好機を逃さず行動をする必要がある。その都度本陣に伺いを立てていては勝てない。また本陣では最先端の戦の微妙な趨勢《すうせい》は読めない。だから各部隊、各武士は高い自立性をもち、勝機を見極めることの出来る能力を持つ武士は貴重な存在であり、武士の世界は基本的には能力主義である。また武士は主君に盲従するだけではなく、むしろ自分の所属している組織のために戦う。これが日本型の組織運営の基礎であるという御趣旨を書いておられます。日本型の会社の強みはまさにここにあると思います。

私が最初にアメリカに行って驚いたのは、アメリカでは会社の収益が悪くなると、すぐに大量の従業員をクビにすることを発表し、すると途端にその会社の株価が跳ね上がることでした。当時の私の感覚では、これは最後の最後まで経営者はしてはならないことで、もしこれをやるなら、経営者はまず辞任すべきであると思っていました。

（もっとも二回目に会長としてアメリカ人の運営する組織を監督してみて、少し考え方が変わりました。アメリカの採用は会社として毎年何人を定期的に採用する、というものではありません。各セクションの長が自分の裁量で気に入ったスタッフを雇用するのが普通です。ですから少し放っておくと、前に働いていたところのお気に入りをゾロゾロと連れてきたりします。定期的にばっさり整理しないと大変なことになります）

突然ですが、最近日本は「格差」社会だという説が声高にいわれています。確かに非正式社員が増えて、非熟練労働の部門の収入は下がっており、従来の日本のあり方からすると大問題です。以前のような「皆同じサラリーマン」という感覚が薄れてきています。

最近の『ウォールストリート・ジャーナル』を見ていましたら面白い記事がありました。上場企業のＣＥＯ（最高経営責任者）の平均収入が一般労働者の収入の三百六十九倍に「下がった」という記事です。アメリカの景気が沸き立っていた一九九九年から二〇〇〇年の頃は五百倍を越えていたのが、だいぶ下がったのは良かったという記事です（九九年は株価が急上昇して一万ドルを越え、ストックオプションで儲けた経営者がぞろぞろいた頃です）。皆様ちょっと計算してみてください。仮に単純労働者の年収が二万五千ドル（約三百万円）としてみると三百六十九倍のＣＥＯ諸氏の年収は九百二十万ドル（十一億円弱）となります（総資産ではありません。年収です)。これはもう我々の社会常識とはまったくの別世界です。まして武士の理念とは完全に別ものです。私の知る限り、問題が出てきているとはいえ現在でも日本は先進諸国のなかで最も格差の少ない国です。

## 日本は世界に貴重な手本を示すことの出来る唯一の国

さて、この「一神教型」社会と我々の「平等型」の文明の底には、それぞれの文明が育ってきた地域の風土が深く反映されていると思います。厳しい砂漠や乾燥地帯で生き抜くためには、深い経験と鋭い知覚をもった「族長」に従うことが最善の方法です。その能力のないものに従って砂漠の真ん中で死ぬわけにはいきません。ですからカナンの地を求めて族長モーゼに従って何年でも旅をするわけです。絶対的な指導者に対する絶対服従です。

一方「平等型」である日本は何千年にもわたって一つの土地から最大の収穫を得るために「一所懸命」に集団で働いてきました。水田を造るということは驚くほど精緻な土木技術と膨大な労力を必要とします。一人では出来ません。ですから優秀なリーダーは必要ですが、彼ひとりでは何も出来ない。日本という国は、多くの人たちが心を合わせて、時としては何代にもわたって協力して子孫のために働いてきて出来上がったものなのです。

この長い農業の歴史のなかで、日本人は自然と共生することを学びました。自然に逆らわず、自然の持っている優れたシステムを巧みに利用してゆく方が、自然と闘って、自然を破壊するよりもはるかに優れていることを理解したのです。

先ほど日本の国土に占める森林の比率が極めて高いことを書きました。森林（木材）はつい最近になるまで、日本人には最も重要な、いわば唯一の資源でした。建築材料としても、家具や道具の材料としても、熱源としても木材が唯一の資源でした。紙の材料もそうです。また豊かな河や海を育むのも、水田に絶えず水を供給するのも森の恩恵です。江戸時代を通じて森は再生され保護されてきました。幕府や大名が「お留山」「御建山」などの名で伐採を厳しく禁じた山も多くあります。「里山」でも資源の保存のために細心の注意が払われていました。紙を漉《す》くために使われたのは枝です。炭焼きに使われたのも枝です。木を切り倒して使われたものではありません。里山は人々に山菜やキノコ、木の実、薪などを与えてくれる大切な生活の場でした。そこに住む狐や狸、その他の小動物たちも村人にとっては誠に親しい生き物でした。鳥獣戯画の世界です。

くどいようですが、もう一つだけ西欧の例を引きます。森が消えたのはヨーロッパだけではありません。北米大陸もそうです。アメリカに最初の殖民者が入ったのは江戸時代の幕開けと同時だったことは書きましたが、彼らが入植した東岸は一面深い森に覆われた大森林地帯で、そこには森の民である多くの原住民が住んでいました。モヒカン族、アルゴンキン族など多数の部族です。アメリカ原住民というと中部から西部にかけて住んでいた平原の部族、アパッチ族、シャイアン族などが西部劇映画でお馴染みですが、それだけではありません。最初に西欧人に接触し、結果として最初に滅んだのは東部の森の住人たちです。

マサチューセッツ移民団の居住地であるセイラムでアメリカ最後の魔女裁判があったのは一六九二年（元禄五年）のことですが、この敬虔なキリスト教徒の移民団は「森に住む悪魔」である原住民と激しく戦いました。山内進氏の書かれた『十字軍の思想』という御本によると、セイレムの住人は原始林を悪魔の住む最後の領分であり、悪魔の基地であり、悪魔の最後の抵抗拠点であると信じました。

指導者である牧師コットン・マザーの著した『マグナリア』の一文を山内氏の御本から引用します。

「これらの地域はその時、野蛮なインディアンや異教徒の諸族からなっていた。彼らに霊として作用していたのは、魔王だった。悲惨な者たちからなる諸族の全宗教は明らかに悪魔崇拝だったから、この諸族が（略）悪魔の不利益となる、わが植民地を消滅させるために、悪魔に誘われて活動するのは自明だった」

こうしてアメリカ東岸の大森林は悪魔の住むところとして悉《ことごと》く切り倒されていきました。

いまニューヨークのセントラルパーク南端にある小さな動物園の脇に巨木の切り株が数個残っ

ています。子供たちが大好きな遊び場ですが、これが当時の森のほとんど唯一の記念碑です。

こうして見ると、自然というものに対する考え方が、西欧人と我々日本人とでは根本的に違うところがある、もしくは少なくとも歴史的にはあったと思わざるをえません。征服するのか、共生するのか、ということです。

私たちは明治以降、この西欧文明を懸命に取り入れ、結果として現代の豊かな生活を作り出しました。その過程で様々な公害の悲惨な事件を起こし、多くの川をコンクリートで固め、朱鷺《とき》は絶滅しました。江戸市民の動物性蛋白質《たんぱく》を二百六十年にわたって一手に供給してきた東京湾も瀕死の状況に追い込まれました。

一方、我々は色々なかたちで自然を制御し、自然災害による被害を最小限に食い止めることで今日の豊かな生活を守っているのですから、一概に西欧文明のあり方がすべて悪いと決め付けることは出来ません。現在までのところはそのやり方から、私たちは大きな恩恵を受けてきたのです。

しかし現在のように止め処《とど》もなく化石燃料を消費して、世界の森林を切り倒し続けて、さらに人口が急増する中でそのような生き方を際限なく拡大していけば、地球の持っている許容範囲の限界を超えてしまい、人類の生存自体が危機に直面する可能性が高いことも明確にわかってきました。その危機が現実になるのは早ければ三十年から四十年先、つまり私たちの孫の世代からということも段々にわかってきています。世界中に十四世紀のヨーロッパの黒死病（ペスト）の蔓延のようなことが起こりかねないのです。

何千年にもわたって自然を悪魔の地と考え、これを徹底的に征服してきた西欧文明はようやくそのことに気づき始めています。しかし一方では長い貧困の時代を抜け出して、これから豊かな西欧型社会を築こうとしている巨大国家が幾つもあるわけですから、地球を守ろうとする人間の知恵と、自然を破壊する人間の営みとの時間の競争は決して楽観的にはなれません。

日本は現時点では非西欧型文明の「共生文明」の長い歴史と文化をもつ唯一の先進国です。また世界で最も豊かな生活水準を持っている数少ない国家の一つです。ですから本当ならば世界に貴重なアドバイスと手本を示すことの出来る唯一の国という立場にあるはずなのですが、「国家の大計」としてそのことを真剣に取り上げようとしているとはどうしても思えません。多くの民間の方々が森と自然の再生・$CO_2$の削減に熱心に取り組んでおられますが、それだけではまだまだ不充分です。教育や税制を含めて国家としての本気の取り組みが必要な時期に来ていると思います。

# 第七章　世界の中の日本と江戸の遺伝子

道灌《どうかん》山《やまの》聴虫《むしきき》（『江戸名所図会』）

## 「日本人はベストの客」

数年前、サンフランシスコの国際線待合室で乗り継ぎの関係で数時間の待ち時間が出来ました。所在もなくブラブラと売店を歩いていたのですが、ある時計店で面白い体験をしました。ちょうど一群のフライトが出たあとで空いていたので、ベテランの女性店員が新人に仕事を教えていました。

「ここは旅行者がお客だから充分気を付けなさい。一つ時計を出して見せて、お客が違うものを見たいと言ったら、必ず先に出した時計を片付けて、それから新しいのを出しなさい。特に数人で次から次に、あれも出せ、これも出せと言われるケースが危ないので、決して慌てないで、一つ一つ仕舞ってから出しなさい」

と教えています。誠にもっともだと背中で聞いていますと、

「JALとANAのボーディングパスの人たちは大丈夫。盗んだりしません。○○○が一番危ない。△△△も駄目。×××も悪い。特に×××は集団で大騒ぎをして、後で気が付くと無くなっているから、絶対に気を付けなさい。よくボーディングパスを見ることが大事です」

とアジア各国の航空会社のボーディングパスのコピーを出して教えていました。

ニューヨークで大きなパーティーを一流のホテルで開く打ち合わせでそのホテルの現場の長とお茶を飲みながら話しました。何回もパーティーをやったり、ＶＩＰの世話を頼んだりしてすっかり親しくなっていた彼に、世界中から来るお客の特性について聞いたところ、彼は次のように答えました。

「日本人はベストの客。一方悪いのは数え切れないほどいるが、最近の例では○○○（旧ソ連邦の国です）と△△△（中東の産油国です）。信じられないような騒ぎを起こして、最後に訴訟を起こしてきたりする。日本人は部屋を大変に綺麗に使い、ものを盗まず、夜中まで大騒ぎをしない。踏み倒すこともない。トラブルの最も少ない最高のお客」

と答えました。まあゴマを擂《す》っているところはあるでしょうが、メイドさんを引きずりこんで乱暴をしようとした上に、金を盗られたと言ってホテルを提訴するようなことは普通の日本人はしません（これが彼の話した○○○人の実例です）。

私の仕事仲間たちは世界中を飛んで廻っている連中が多かったのですが、その旅のベテランたちもよくものを盗まれて立ち往生します。

「お前もやられたの。馬鹿だねえ」

などとからかいますが、何時《いっ》自分の身にも起こるかわからないので随分緊張を強いられました。私はニューヨークにいた頃、地下鉄のホームで電車を待ったり、ホテルやエアポートでチェックインするときなどは必ず貴重品の入っているアタッシェケースを両足の間に置いて立ちました。右側に置けば、左側から肩を叩かれてそちらを向いた数秒間で鞄はなくなります。左側に置けばその逆です。ですから東京の地下鉄で鞄を足の間に置いて立っている人を見かけますと、ああ、あの人はニューヨーク帰りかな、シカゴかな、と思います。

オランダは平地の国ですから自転車は本当によく使われます。そして実によく盗まれるようです。町の市場には中古の自転車の市があって、盗まれて数時間後にはその市場に並んでいます。

「こうして自分の自転車をまた買うことをリサイクリングというのです」

とオランダ人の友人は真面目な顔をして話しました。彼としてはなかなかの傑作ですが、冗談だけではないようでした。

ロスで車を運転する時は、決して無理をして割り込んだり、警笛を鳴らしてはいけない。またそういう乱暴な車と並んでも絶対にそちらを睨《にら》んだりしてはいけない、と行く度に現地の駐在から言われました。理由は、そういうことをすると車に積んであるピストルで「撃たれる」からです。

中国へ行きますと、青信号で横断歩道を渡る時でも決して油断してはいけない、と何回も念を押されます。右折・左折の車の方に優先権がある、と言うのです（中国は広いですから全部ではないかもしれません。上海、杭州などの話です。台湾もそうです。一度青信号で渡っていて左折してきたバスに轢《ひ》かれそうになりました。バスはまったくブレーキをかけず、運転手はこちらを睨んで通りました)。歩行者に優先権がないのは車の方が偉いからだ、というのが説明でしたが本当かどうか知りません。日本の横断歩道では赤信号になりかけても、携帯電話を見つめて周囲にはまったく無関心で堂々と渡り始める人がいます。こういう人は外国ではすぐに死にます。

友人のお嬢さんがイギリス人と結婚して日本に帰国した時、店屋物を取って食事をし、終わった食器を洗って外に出したのを見て、御主人は仰天してすぐに家の中に入れるように厳命を発したそうです。「絶対に誰かに盗られるから、そんな無謀なことをしてはいけない」というのが御主人の確信でした。奥方が何度説明しても信じず、翌日食器がなくなっていて、何事も起こらなかったことを後々まで不思議がっていたそうです。

## 清潔で安全な国家というのは日本の伝統

妙なことを並べましたが、信じられないような社会問題が続出している現在でも、日本は間違いなく世界で最も安全で、悪いことをしない人たちの住んでいる国だということを言いたかったからです。これは圧倒的にそうです。すべての日本人が自信をもって良いことです。安全で正しいだけではなく、この上なくキチンとしています。網の目のように走っている列車・電車がすべてスケジュール通りに走ることは当然である、と人々が信じている国というのも、誠に稀少だと思います（日本の列車・電車ではたとえ数分でも遅れると車内放送で車掌さんによる「お詫びの言葉」が流れます。アメリカの車掌は列車が定時につくと誇らしげに「皆さん。この列車は定刻に到着しました」と放送します。すると車内の乗客全員が笑顔になって拍手をしたものです）。

小さいことのようですが、自動販売機が必ず正しく作動している、というのも大変なことです。日本の自動販売機というのは、まさに世界に冠たるものです。千円札を入れてお茶を買います。一つ買うとランプが点滅して「もう一つ買いますか?」と聞いてくる。もう一つ買ってお釣りを要求すると正確に出る。しかも一つの機械から熱いお茶と冷たいお茶が選べる、などという機械は日本にしかないのではないかと思います。また昔話になりますが、私が最初にニューヨークに住んでいた当時、確かに稼動していると見える自動販売機にお金を入れて、ものが出てくる確率は半分以下でした。何も出てこないのでお金を取り戻すべくレバーを押してもお金は出てきません。つまり駅の構内や街角に巨大な貯金箱が置いてあるようなものでした。理由は簡単です。もしかしたらスロットマシーンの大当たりのように、ジャラジャラとお金が出てくるのではないか、と力任せに蹴る人が沢山いたからです。身の丈二メートル体重百二十キロのような人たちに蹴られ続けるのですから可哀相な機械でした。

街が清潔である、ということでも間違いなくトップクラスです（アメリカ人は日本の町はディズニーランドより清潔であると驚嘆します）。さらに言えば、夜十二時を過ぎて人通りの少ない住宅地をお嬢さん一人で歩いても平気な大都市というのも、あまりありません（ニューヨークであれば、かならず誰か男が送るか迎えに出ます)。日本の都市はすべてこの例外的な都市に入ります。

二〇〇四年に『１６８８年　バロックの世界史像』という本が出ました。第四章でも引用したジョン・ウィルズという南カリフォルニア大学の先生が書かれた本で、一六八八年の世界各地をいわば輪切りにして詳しく述べられた大変面白い本です。その中に次のような一節があります。

「(世界中で)戦いが多く町の通りも危険な世の中だったというのに、実に珍しいことに金沢その他日本の都市は、無鉄砲な勇気をたたえる物語を聞いて育ち、世界最高の刀で絶えず腕を磨いている人間に管理されていながら、一六八八年の世界でもっとも安全な都市だった」

「(もうひとつ珍しいことは)すべての人が同じ言葉を話し、同じ民族で同じ文化を共有していた」

ウィルズ氏の言う通り、江戸時代の日本の治安の良さは世界的に見てまったく異質な世界でした。それ以来、清潔で安全な国家というのは現代に脈々と続く日本の伝統です。少なくとも三百五十年以上、日本は国内で日本人同士による、一般庶民を巻き込んだ激しい戦争や暴動、無差別な暴力行為はほとんど経験してこなかった稀有の国と言えます(庶民を巻き込んだ内戦は戊辰戦争と西南戦争です。無差別な暴力行為はオウム真理教の地下鉄サリン事件でしょうか)。その国内平和の最大の理由は、すべての人が同じ言葉を読み、書き、話し、高い教育水準を持ち、基本的に平等であると感じ、同じ文化を深く共有してきたからだと思っています。

## 世界の国が不思議がる「日本の伝統の継承」

さて、先ほど日本と比較して挙げました幾つかの例は、ほとんどが高い生活水準を維持している先進国の例です。これがいわゆる発展途上の国、さらに最貧の国々になると我々の現在の生活とはまったくの別世界です。国民の一日の収入が一ドル以下の国は世界に沢山あります。内戦が続き完全に荒廃している国も多い一方で、最貧国と呼ばれる国々でまだしっかりと地域社会の伝統や道徳が残っているところも沢山あります。その彼らの地域社会・伝統生活が世界の経済活動のなかに組み入れられて、まさに崩壊に直面していることがとても心配です。

二〇〇六年四月に、私はパキスタンとバングラデシュに講演をしに行きました。日本での講演を聞かれたある方が、ぜひこれらの国で話してほしいと言われ、外務省の要請という形で両国の学生・実業界・マスコミなどの方々に日本の江戸時代のお話をしました。西欧化に踏み切る以前に日本がいかに高い水準の教育と洗練された経済社会を持っていたか。二百六十五年の間に蓄積された知性と好奇心がどのように西洋の政治・経済社会制度を速やかに吸収したか、というようなことをお話ししました。

幸い講演は好評でしたが、講演のあとの懇親会で両国の経済人や学者など多くの方と長時間にわたってお話するなかで、この二つの国の直面している問題の深刻さをあらためて感じました（アルコールが駄目な国ですから、甘いジュースを際限なく飲みながらの懇談でした。最後は疲れもあって多少気持ちが悪くなりました。ジュースで酔ったのは初めての経験でした）。

両国ともに貧しい国ですから経済の発展は最大の課題です。どちらも旧英国植民地ですから英語が出来ます。富裕層の子弟は、より高い教育を得るために英国や米国へ高校くらいから留学し、そこですっかりアングロサクソン化してしまいます。彼らがＭＢＡなどを取得して帰国して経済活動を進めれば進めるほど、伝統的なイスラム共同社会は急速に崩壊してしまう。そのことが社会不安とテロの連鎖を生む根本の原因となっているという構図です。

幕府が開国してから百五十年にわたる西欧化のなかで、どうして日本は日本の価値を守り、日本の伝統を継承できたのか、と彼らの質問は真剣そのものでした。それは社会全体の問題であると同時に、質問者一人一人の家族の問題でもあるようで、質問は時として大変個人的なことになりました。「どうして徳川家は今でも存在するのか」「政府の援助があるのか」「人々はあなたの家名に敬意を払うのか」「天皇家に対してはどうか」などなど大変でした。

私は、「日本も多くの取り返しのつかないものを失ったが、日本が西欧化を始めた時と現在ではスピードが違う、我々の場合には、社会が変化に順応し、その中で日本が育んできた価値を、新たに再生する時間的余裕があったのだと思う」と答えました。

「あなたの私たちへのアドバイスは何か、いま何をしたら良いと思うか」

と多くの方から質問を受けました。私は、「とにかく教育制度を充実させてください、特に初等教育を重視してください」とお話ししました。両国ともに実態的には識字率は五十％前後くらいの印象です（間違っているかもしれません）。

しかしこの私のアドバイスが正しい答えなのかどうかは難しいところです。少ない予算を即効性のある基礎インフラ整備に投入して産業を起こし（たとえ外資であろうとも）、雇用と経済を少しでも向上させる方が先か、迂遠なようでも基礎教育に投資する方が結局正しいのかは難しい判断です（無論この二つが単純な二者択一とは思いませんが）。

アングロサクソン文明、特にアメリカ文明は、いままさにグローバリゼーションの代名詞です。ＩＴというまったく新しい道具を入手した人類は、いままでには経験したことのないスピードで世界を変えています。

この新しい世界でも、「米百俵の精神」が正しいか、答えながら大変に迷った次第です。しかし後になって考えてみて、やはりそれしか答えがないように思います。

余談になりますが、バングラデシュは洪水の国です。ガンジス川の河口にあり、数年に一度は大洪水に見舞われて交通は麻痺し多くの人が亡くなってきました。その交通の要衝に難工事のすえ大きな橋を架けたのは日本です。ネパールのところでも書きましたが、日本のＯＤＡです。バングラデシュの人々は本当に感謝しています。

どうしてこういうことを我々日本人がよく知らないで、なんとなくＯＤＡと聞くと無駄遣いの代名詞のように感じるのか、大変に不思議なことです。悪いこと、心配なことだけを深刻な顔をして報道するのが、マスコミの知性であるという伝統はもうそろそろ止めた方がよいと思います。何か素晴らしいことが起こった時、かならず「一見素晴らしいが、実はそうでもない」と否定的な穿《うが》ったコメントをするのも日本のマスコミ知識人の悪癖です。きっと心が狭く貧しいのでしょう。

「経済的合理性」という言葉があります。重々しく知的に響きますが、やさしい日本語にすれば「儲かるか。儲からないか」ということです。戦後の日本は、新しく国を作る基本として、この経済的合理性を主軸にして社会が動いてきました。これは決して間違いではありません。世界経済のなかで「勝ち組」に入れるのか「負け組」で終わってしまうのかは、天と地ほどの差があります。そして勤勉で優秀な日本人は見事に世界経済のなかで高い地位を占めるようになりました。

これはちょうど我々の先祖たちが営々として土地を開発し、子孫の繁栄を夢見て働き続けたのと同じことです。私たちは先人の努力に対して感謝して、この豊かさを次の世代、その次の世代に引き継いでゆかなければいけない立場にあります（若い頃はそんな風には思いませんでしたが、子供たちが何時《いつ》の間《ま》にか大きくなって、孫が出来るような年頃になると、段々そんな風に思うようになります）。

## 「ジャポネはジャポネです」

さて、戦後の六十年でこの「経済的合理性」の追求が社会の隅々まで行き渡ったのですが、問題はこの合理性とバランスを保つべきもう一つの要素である「社会としての価値」ともいうべきものに対するウエートの置き方が、相対的にどんどん小さくなっていることで、これが現在社会一般に声高に議論されている点だろうと思います。

二百年も経った素晴らしい日本家屋が平然と壊されて駐車場やお土産屋になった寺院や、人々の温かい交流のあった町並みが一掃されてしまった「開発」計画、海水を清浄化して豊かな海を造る浅瀬を徹底的に破壊した工業地帯の造成や、放置されてしまった森、素晴らしい景観の真ん中に世にも醜い巨大な商業施設が立ち上がるのを、幼い時からずっと見て育ってきた世代が社会の中心にいるわけですから、問題はなかなか深刻です。

「経済的合理性」がすべてに優先する姿を見て育った世代です。

しかし、本当にそんなに「社会としての価値」が完全に失われてしまったのでしょうか？

私の敬愛する先輩の一人に藤木幸夫さんという方がいます。横浜の港運界の重鎮です。彼は色々な役職についていますが、その一つにＦＭ放送局の社長があります。ある日彼はこんなことを言いました。

「徳川さん、今日は株主の方々に業績のことで頭を下げて廻ってきました」

私が一寸吃驚《ちょっとびっくり》してその理由を聞きましたら、

「いま日本には二百数十の放送局と名の付く会社があります。テレビとラジオ合わせてです。その中で私のところだけが消費者金融のコマーシャルを引き受けていません。そのことで広告会社にいじめられているんです。ご存知ですか。FM放送を聴いている人の平均年齢は十四、五歳です。中学・高校・大学の受験生が毎晩深夜、家族が寝てしまってから一人で勉強しながら聴いているのがFM放送です。その子供たちの耳元に毎晩毎晩『お金を借りるにはこんなに簡単ですよ。すぐにお貸ししますよ』と甘いコマーシャルが流れて良いと思いますか？私はそうは思わない。ですから私の目の黒いうちは絶対に放送しないと言っているのです」

と言われました。私もまったく同感です。

この話をある雑誌社の方に話しました。彼は現在のマスコミの状況を説明してくれましたが、いずこも広告収入が減って大変だということです。

「まったく同感で、痛いほどよく気持ちはわかりますが、であれば業界全体で自粛するようにしないと一社では難しいでしょうね」

とのことでした。この紙一重のところが難しいところです。ここで勇気を持って経営者が乗り越えれば日本はガラリと変わると思います。格好のよいCSR（会社の社会的責任）のパンフレットを作るよりも、一つの決断の方が重要です。

ある時フランス人の記者が江戸時代についてインタビューに来ました。一時間ほど話したあと、私が日本もすっかりウエスタナイズしてしまいましたね、と言いましたら彼はいかにもフランス人らしく目をくるくる回すような大仰なゼスチャーをして言いました。

「ジャポネがウエスタナイズしました？　とんでもない。ジャポネはジャポネです。西欧の社会とは全然違います。根本が違います。だから面白いし、我々はジャポネが、ここからどういう道を見つけて進んで行くのかに大変注目しているのです」

これが世界から見た日本だと思いますし、また彼らが日本に期待しているのはこういうことだと思います。

私は日本郵船時代に多くの外国人たちを部下として使ってきましたが、アメリカに移住して三世代、四世代経っても、イタリア系、ドイツ系、ロシア系など、それぞれいかにも「らしい」性格があり、人材配置の時には何時《いつ》もそのことを考えました（芯からケチな国民性の人に大事な顧客接待パーティーをやらせて、楽天的で天才型の国民性の人に財務を見させると、まずはロクなことにならないというようなことです）。

親しい英国人とドイツ人と飲みながらその話をしますと「トクガワさん、それはアメリカンマネジメントの常識です」と口を揃えました。しかし、「それを口にするのは止めた方が良い」とも忠告してくれました。さらに最も「らしさ」を保っているのは日本人で、「真面目で静かで威張らない。協調的で自分のことよりチームワークを重視する。悪いことをしない。責任感が強い。一方、ユーモアがない。アイディアに飛躍がない。なかなかリーダーシップを取らない」などが我々日本人の共通性格の一部だと彼らは言います。この中には、どうも言葉の力が弱いことも大きく影響しているようですが、それだけでもありません。

つまり民族の性格というものは、後天的なものだけではなく、どうも意識の底に沈んでいる無意識の中に、DNAか何かで伝わっていると考えないと三代・四代たっても消えない民族の個性の差は理解できない面があります。これが前の章で書きましたことの根拠のひとつです。もし、そうであるならば、繰り返しになりますが、現在の過剰消費型世界から抜け出して新しい方向性を示すのに世界で最も適しているのは、自然との素晴らしい共生世界を二百六十年も維持して、完全な省資源文明を築いた江戸時代の遺伝子を潜在的に持っている日本人ではないかと思います。

## 先人の遺産を守る大切さ

もう一つ、若者たちを社会全体で育ててきた社会は、もう失われてしまったのか、それともまだ望みがあるのかという問題があります。最近コロンビアの先生も、ハーバードの先生もあまり日本人の学生を採りたがりません。まったく勉強しないと言います。それに比べて中国の学生は凄いと言います。日本の大学の先生方から伺うお話でも仰天することがあります。しかし日本の学生がこのように言われ始めたのは本当に最近のわずか十年のことです。

しかも一方では世界中には黙々として現地の人々のために活動している日本人の若者が沢山います。自然を守るためにも多くの若者が活動しています。学問に没頭している若者も、老人が乗ってくると黙ってスッと席を立つ金髪の日本人の若者もいます。介護や看護の世界でもそうです。小・中学校の若い先生たちの苦闘もたいしたものです。

結論としては、私はあまり大人が一部を見て大騒ぎをして勝手に決めつけない方が良いと感じています。若者たちは正確に、敏感に社会に反応するものですから、問題なのは私たち大人たちが作ってきた社会の方で、若者たちの責任ではありません。私たちが自信をもってまず先ほどの紙一重を踏み出す方が先で、それをしないで幾ら制度や法律を変えてもまったく意味のないことだろうと思います。

もうだいぶ以前のことですが、本屋で「借金は返すな！」というようなことが書かれた本を見て仰天したことがあります。ある高名な経済学の先生が書かれた本です。こういう本を書かれる先生のゼミで育った学生諸君は一体どんな大人になるのでしょうか？

江戸時代の日本と世界、日本の文化の素晴らしさなどについて書き出すときりがありません。この本ではあまり触れませんでしたが、日本の女性たちの能力の素晴らしさや凛《りん》とした心、日本人全体の美しいもの、繊細な美への眼差し、資源を大事にして過剰に消費しないで作り上げた見事な生活習慣など、世界の誰も追随できないものが日本にはごろごろあります。要は私たちがそれに気が付いていないか、なんとなく「金にならない下らないもの」と決めてしまっているだけです。

ある外国人が「日本人ほど繊細な美を発見して愛することの出来る人々が、これほど醜いものに鈍感で寛容であることは信じられない」と言ったということをどこかで読みました。外国人はよく見ています。

経済合理性第一主義だけで個性も文化もない国は、世界のなかで尊敬を受けることはありません。それを越えたその国らしい考え方や生き方、他に類のない立派な文化があって、初めて世界の人々がその国の意見に耳を傾け、国際社会に貢献できるのです。

そのことは人間社会でもまったく同じことです。私は大金持ちで、何時も金のことばかり話している人を好んで友人にしたいとは思いません。しっかりと自立して、人間味豊かで、私にはない視点を持った心豊かな人を友人にしたいと思います。国際社会でもまったく同じことです。

現在の日本は、長い時間をかけて出来上がった日本文明の遺産を急速に食い潰しながら進んでいます。しかしその文明を支えてきた基盤である「遺伝子」はそんなに簡単に失われるものではないと思います。素直に「日本らしさ」を表にだして自信をもって日本型の組織による経済社会、自然と共生してゆく社会を作ってゆくことが、日本が世界に貢献する道だろうと考えています。そして早くそれをしないと間に合わないのではないか、と心配しています。

# あとがき

本を出すということがこんなに大変なことだとは夢にも思っていませんでしたので、今回はとてもよい勉強になりました。二〇〇六年の二月にお引き受けした時に、私は「五月か六月には原稿を全部お渡し出来ると思います」と言いました（本当にそう思っていたわけで、素人というのは困ったものです）。

ＰＨＰ研究所学芸出版部の川上達史氏（現在、ＰＨＰ研究所Ｖｏｉｃｅ編集部）とメディアプレスの岡村啓嗣氏はなにやら嬉しげに笑われて、「素晴らしい。御健闘を祈ります」というようなことをブツブツと言われました。そして八月になり九月になり、少しずつ原稿をお渡しするたびに、「まあ、順調に進んでいるようですね。とても面白いですよ」と励ましていただき、そのあたたかいお言葉に上手に乗せられて先に進むことが出来ました。江戸時代の教育はきっとこのようなあたたかいものであっただろう、と思わせるものでした。集中的に書く予定だった夏休みに甲子園の決勝戦が大延長戦再試合になって二日間が潰れるというような不測の要因もあり、結局全部をお渡し出来たのは十一月の末になりました。長い一年でした。

私はここ何十年自分で買うものは原則として本と食料品だけでしたから、いまや我が家は本に埋もれています。最近は階段の各段にうず堆《たか》く本を積むようになりました（神保町の古書店で学んだ蔵置方法です）。この一冊一冊が全て著者と出版社の大変な御苦労の積み上げであったことを改めて感じて感心したり、感謝したりしています。本を書くというのはまったく大変なことです。

校正になってもう一度通読してみますと、いろいろ不都合なところがあるように思いましたが、もうエネルギーがなくなっていましたのでこれでよいことにしました。申し訳ありません。

このような本をお読みくださった皆様に心から御礼申上げます。

また川上氏は学芸出版部から雑誌の編集に移られたあとも、この本の出来上がりまで熱心に見ていただき、後任の豊田絵美子氏にも大変にお世話になりました。この御三方のお陰でこの本が出来ました。

作ってくださった方々、お読みいただいた皆様に改めて心から御礼を申し上げます。そして、誠に虫の良い話ではありますが、この本をお読みになられて、一つ徳川のやっている財団を賛助会員として応援してやろう、とお考えになられる方がもし居られれば、御連絡いただきたいと思います。賛助会費は一年一万円です。

財団の連絡先は次の通りです。

（財）徳川記念財団
〒一五一－〇〇六四
東京都渋谷区上原二－三五－五－二〇三

ありがとうございました。

二〇〇七年一月二十三日

徳川　恒孝

《参考文献》


速水融『近世日本の経済社会』麗澤大学出版会、二〇〇三
速水融『江戸農民の暮らしと人生』麗澤大学出版会、二〇〇二
芳賀徹編『文明としての徳川日本』中央公論社、一九九三
尾藤正英『江戸時代とはなにか』岩波書店、一九九二
岡崎哲二『江戸の市場経済』講談社選書メチエ、一九九九
長友千代治『江戸時代の書物と読書』東京堂出版、二〇〇一
渡辺京二『江戸という幻景』弦書房、二〇〇四
大野瑞男『江戸幕府財政史論』吉川弘文堂、一九九六
水谷三公『江戸の役人事情』ちくま新書、二〇〇〇
片倉比佐子『江戸の土地問題』同成社、二〇〇四
神崎宣武『江戸の旅文化』岩波新書、二〇〇四
市川寛明・石山秀和『図説江戸の学び』河出書房新社、二〇〇六
深井雅海『図解江戸城を読む』原書房、一九九七
スーザン・B・ハンレー『江戸時代の遺産』指昭博訳、中央公論社、一九九〇
大石慎三郎『江戸の奇跡』ダイヤモンド社、一九九九
竹内誠編『徳川幕府事典』東京堂出版、二〇〇三

ヨーゼフ・クライナー編『ケンペルのみた日本』日本放送出版協会、一九九六
ハインリヒ・シュリーマン『シュリーマン旅行記　清国・日本』石井和子訳、講談社学術文庫、一九九八
イザベラ・L・バード『日本奥地紀行』高梨健吉訳、平凡社ライブラリー、二〇〇〇
ノーマン・F・カンター『黒死病』久保儀明・楢崎靖人訳、青土社、二〇〇二
イングリット・アーレント＝シュルテ『魔女にされた女性たち』野口芳子・小山真理子訳、勁草書房、二〇〇三
ジョン・ウィルズ『1688年　バロックの世界史像』別宮貞徳監訳、原書房、二〇〇四
アイザック・アシモフ『アイザック・アシモフの世界の年表』川成洋訳、丸善、二〇〇五
タイモン・スクリーチ『大江戸異人往来』高山宏訳、丸善、一九九五
串田久治『儒教の知恵』中公新書、二〇〇三
鄭大声『朝鮮半島の食と酒』中公新書、一九九八
立川武蔵『日本仏教の思想』講談社現代新書、一九九五
島田裕巳『日本人の神はどこにいるか』ちくま新書、二〇〇二
久保田展弘『日本宗教とは何か』新潮選書、一九九四
高橋敏『幕末狂乱』朝日選書、二〇〇五
加藤祐三『幕末外交と開国』ちくま新書、二〇〇四
入江隆則『太平洋文明の興亡』PHP研究所、一九九七
石川英輔『大江戸開府四百年事情』講談社、二〇〇三

石川英輔『ニッポンのサイズ』淡交社、二〇〇三
小沢富夫編『武家家訓・遺訓集成』ぺりかん社、二〇〇三
二木謙一『戦国武将の手紙を読む』角川選書、一九九一
笠谷和比古監『武士道と日本型能力主義』新潮選書、二〇〇五
笠谷和比古監『武士道　サムライ精神の言葉』青春出版社〈プレイブックス〉、二〇〇四
相良亨『武士の思想』ぺりかん社、一九八四
三戸岡道夫『保科正之の一生』栄光出版社、二〇〇六
渡辺京二『逝きし世の面影』葦書房、一九九八
渡辺京二『日本近世の起源』弓立社、二〇〇四
菊池貴一郎『江戸府内絵本風俗往来』青蛙房、二〇〇三
慶紀逸『誹諧武玉川（1・2・3・4）』山沢英雄校註、岩波文庫、一九八四／一九八五
『柳多留名句選（上・下）』山澤秀雄選・粕谷宏紀校註、岩波文庫、一九九五
『武江年表（上・中・下）』今井金吾校註、ちくま学芸文庫、二〇〇三
荻生待也『辞世千人一首』柏書房、二〇〇五
上垣外憲一『「鎖国」の比較文明論』講談社選書メチエ、一九九四
松田毅一『南蛮のバテレン』朝文社、一九九一
松田毅一『慶長遣欧使節』朝文社、一九九二
池享編『天下統一と朝鮮侵略』吉川弘文館、二〇〇三
姜在彦『朝鮮通信使がみた日本』明石書房、二〇〇二

藤木久志『豊臣平和令と戦国社会』東京大学出版会、一九八五
岡谷繁実『徳川将軍の人間学』安藤英男校註、新人物往来社、一九九五
小川恭一『徳川幕府の昇進制度』岩田書院、二〇〇六
沖田行司『日本人をつくった教育』大巧社、二〇〇〇
長島伸一『世紀末までの大英帝国』法政大学出版局、一九八七
長島伸一『大英帝国』講談社現代新書、一九八九
山内進『十字軍の思想』ちくま新書、二〇〇三
上山安敏『魔女とキリスト教』講談社学術文庫、一九九八
森島恒雄『魔女狩り』岩波新書、一九八六
青木英夫『西洋 くらしの文化史』雄山閣出版、一九九六
増田義郎『物語ラテン・アメリカの歴史』中公新書、一九九八
松本健一『泥の文明』新潮選書、二〇〇六
安田喜憲『文明の環境史観』中公叢書、二〇〇四
佐々木高明『照葉樹林文化の道』日本放送出版協会、一九八二
岡野友彦『源氏と日本国王』講談社現代新書、二〇〇三
渡辺尚志『浅間山大噴火』吉川弘文館、二〇〇三
鈴木秀夫『森林の思考・砂漠の思考』日本放送出版協会、一九七八
宮崎正勝『世界史を動かした「モノ」事典』日本実業出版社、二〇〇二

〈著者略歴〉
**徳川恒孝**（とくがわ・つねなり）
1940年生まれ。徳川宗家第十八代当主（1963年より）。学習院大学政経学部政治学科卒業。日本郵船副社長を経て現在顧問。財団法人徳川記念財団理事長。社団法人横浜港振興協会会長。WWF世界自然保護基金ジャパン常任理事。社団法人東京慈恵会会長。財団法人斯文会名誉会長。

**江戸の遺伝子**
いまこそ見直されるべき日本人の知恵

2007年3月5日　第1版第1刷発行
2007年6月29日　第1版第4刷発行

著　者　徳　川　恒　孝
発行者　江　口　克　彦
発行所　PHP研究所
東京本部　〒102-8331　千代田区三番町3番地10
学芸出版部　☎03-3239-6221（編集）
普及一部　☎03-3239-6233（販売）
京都本部　〒601-8411　京都市南区西九条北ノ内町11
PHP INTERFACE　http://www.php.co.jp/
組　版　朝日メディアインターナショナル株式会社
印刷所
製本所　図書印刷株式会社


ISBN978-4-569-65830-8

PHPの本

# 会津武士道

## 侍たちは何のために生きたのか

中村彰彦　著

これぞ決定版会津武士道！　会津武士道の成立から形成過程、そして幕末にいたる完成期まで、その全体像を解き明かした一冊。

定価一、五七五円
（本体一、五〇〇円）
税五％